KB234279

이상한 나라의 정치학

이상한 나라의 정치학

Politics Adventures in Wonderland

이원재 지음

한겨레출판

1

"어, 오랜만이네." 서점 주인아저씨가 나를 알아보고 인사를
건넸다. 20년 넘는 시간을 훌쩍 뛰어넘은 것처럼 태연하게.

내 고향은 서울이다. 이 책을 쓰는 지금도 어릴 적 살던 그
동네에 산다.

어릴 적 그 동네 어귀에는 구멍가게가 있었다. 걸어서 2분쯤
걸리는 그 가게에 가서 동전 한 닢을 건네면, 가게 주인아주머
니는 두부 한 모를 건넸다. 걸어서 10분 거리에 있는 두부공장
에서 매일 아침 가져온 것이리라. 어머니는 그 두부로 아침상
을 마련하셨다. 식사를 마치면 나는 다시 걸어서 5분 거리에
있는 학교에 등교했다. 학교 앞에 늘어서 있던 세 개의 문방구
중 그날 기분에 따라 하나를 골라 들어가 준비물을 샀다. 그게
어린 시절 내 아침의 시작이었다.

어느 어스름 짙던 저녁, 문득 그 동네를 한 바퀴 돌았다. 어

릴 적 기억을 더듬으며 걸었다. 물론 기억 속 동네의 대부분은 사라져 있었다.

구멍가게 자리에는 영어학원이 입주한 빌딩이 들어섰다. 두부공장은 헐리고 새로운 건물이 올라섰다. 세 개 있던 문방구는 한 개로 줄었다. 그렇게 곁눈질로 사라진 자리만 확인하다가 놀라운 사실을 발견했다. 어릴 적 자주 들러 책을 사던 동네 서점이 여전히 그 자리에 있었다.

반가운 마음에 문을 밀고 서점에 들어섰다. 그랬더니 놀랍게도 예전의 서점 주인아저씨, 그 책 좋아하던 분이, 시간이 전혀 흐르지 않은 듯 그 자리에 서 계셨다.

주인아저씨가 나를 알아보고 인사를 건넸을 때, 20년도 넘는 시간의 벽이 순식간에 사라졌다. 나는 바로 지난주에 와서 책을 골랐던 학생처럼 마음이 편안해졌다.

흐뭇함을 마음에 안고 서점을 나왔다. 오랜 동안 그 자리에서 서점을 운영하고 있다니 참 이상하다는 생각이 들었다. 수많은 골목 가게들이 대부분 문을 닫았는데 어떻게 버텼는지 신기하기도 했다. 미소를 띤 채 집으로 돌아왔다.

그런데 좀 더 깊이 생각하다가, 그렇게 생각하고 있는 나 자신이 정말 이상하다는 사실을 깨달았다. 같은 동네, 같은 자리에서 평생 서점을 운영하는 분을 이상하게 여기게 만들다니, 정말 이상한 사회가 아닌가. 엄청난 부자가 되려는 꿈을 가진 것도 아니고, 자기가 좋아하는 책을 다루면서 평생 한 동네에서 소박하게 살려는 꿈을 이룰 수 없다는 게 사실 이상한 일 아닌가.

2

그 서점이 그 자리에 있는 동안, 대한민국에서 벌어졌던 일들을 떠올려보자.

1986년 서울에서 아시안게임이 열렸다. 1987년에는 6월 항쟁이 일어나고 대통령 직선제를 중심으로 한 개헌이 이뤄져 국민이 직접 대통령을 선출하게 됐다. 민주화가 이뤄진 것이다. 1988년에는 서울 올림픽이 열렸다. 이제 나라가 한 단계 도약한다고 떠들썩했다. 1991년에는 남북한이 동시에 유엔에 가입하면서 국제사회에서 시민권을 얻었다.

1993년에는 정부가 세계화 구호를 앞세우면서 국제사회에서의 위상을 높이는 데 나섰다. 그해에 금융실명제가 실시되면서 선진국과 같은 경제시스템이 갖춰졌다. 1996년에는 '선진국클럽'인 경제협력개발기구(OECD)에 가입했다. 전 세계에서 30여 개국만 가입한 기구다. 1997년에 경제위기를 맞아 IMF의 구제금융을 받지만, 빠른 속도로 회복해 2001년 졸업을 선언한다. 같은 해에는 평화적 정권교체도 이뤄냈다. 2006년 한미

FTA 협상이 시작되었고, 2012년 발효됐다. 2002년 월드컵을 개최하고, 2011년에는 G20 정상회담을 서울에서 연다.

그동안 삼성전자는 냉장고를 파는 기업에서 세계 최대의 반도체 및 휴대전화 기업으로 성장했다. 포니 같은 저가 자동차를 만들어 수출하던 현대자동차는 도요타나 GM 같은 세계 5대 자동차회사와 어깨를 나란히 하게 됐다. 두 그룹의 매출액을 합치면 한국 정부의 연간 예산보다도 크다. 1980년대 초반 200억 달러를 돌파한 연간 수출액은 2012년 5,500억 달러까지 늘었다. 1인당 국민소득은 2천 달러 대에서 2만 달러 대로 늘었다.

우리 기업은 글로벌 기업으로 성장하고 있다. 나라는 선진국클럽의 오랜 회원이다. 수출도, 국민소득도 놀라운 속도로 늘어나고 있다. 민주화도 된 나라다.

그런데 왜 우리 동네 서점 주인이 그렇게 소박한 꿈을 이루는 것은 이상한 일이 되어버렸을까? 큰 욕심 부리지 않고, 좋아하는 동네에서 좋아하는 일을 생업 삼아 평생 할 수 있는 자유가 없는 사람들에게, OECD와 글로벌 기업과 수출강국은 무슨 의미가 있는 것일까?

한국의 고용률은 OECD 국가 가운데 가장 낮은 축에 든다. 일하고 싶어도 일할 만한 곳이 마땅치 않은 나라다. 한국인의 근로시간은 OECD 국가 가운데 가장 높은 축에 든다. 일을 하는 사람은 과로하는 나라다.

한국의 노동시장은 성(城) 안과 성 밖으로 나뉘어 있다. 상대적으로 따뜻한 성 안에 있다고 볼 수 있는, 매출액 2,000대 기업에 고용된 사람은 100명 중 5명 정도이다. 이 중에서도 정규직은 100명 중 3명가량으로 추산된다. 이들은 그래도 안전지대에 있다. 기업 규모가 크다면 조금 더 안전할 것이다.

하지만 성 안 사람들이라고 계속 안전한 것은 아니다. 일정한 나이가 지나면 대부분 성 밖으로 나가서 사회생활의 나머지 절반을 해야 한다. 전작 《이상한 나라의 경제학》을 읽은 30대 중반의 직장인이 보내온 이메일이 떠오른다. "지금은 성 안에 살지만 결국 성 밖의 영세 자영업자가 될 날이 멀지 않은 것 같아요. 앞으로 남은 직장생활이 10년 남짓…… 제가 회사를 나가야 하는 시점에 아이는 겨우 초등학생이네요."

나라는 늘 우리에게 설명했다. 한국은 열심히 일했고, 눈부신 성공을 거뒀고, 이미 선진국에 진입했다고. 열심히 일한 사람에게는 행복할 권리가 있고, 소박한 꿈은 이루어져야 한다. 그런데 왜 아직도 행복하지 않고, 소박한 꿈을 이루기는 더 어려워진 걸까? 사람들이 지나친 욕심을 부려서일까? 노력하지 않아서일까? 이해하기 어려웠다. 이 나라는 도대체 어떤 나라일까?

모두가 노력해도 모두가 행복할 수 없다면 이는 결국 나라

를 운영하는 시스템과 정책의 문제일 수밖에 없다. 그래서 정
치의 문제이다.

3

나는 2012년 제18대 대통령 선거의 현장에 직접 뛰어들었다.
안철수 후보 캠프에서 정책 전반을 기획하고 만드는 일을 했
다. 각 분야 전문가들이 만든 정책을 조율하고 가다듬었다. 그리
고 대중과 소통할 수 있는 언어로 그것을 다시 빚는 일을 했다.
　그해 가을부터 초겨울까지, 나는 생애 가장 아름다운 시간
을 보냈고, 가장 깊은 좌절을 경험했다.

4

이 책은 미래 사회가 지금과는 어떻게 달라질 것이고, 우리는
무엇을 준비해야 하는지를 살펴보기 위해 집필되었다. 당장의
영리보다는 가치와 협력을 추구하는 경제가 주류로 떠오를 것
이다. 삶과 더 가까워진 정치가 필요해질 것이다. 혁신적으로
경영되는 비영리기관이 사회변화의 동력이 될 것이다. 느리고
진지하면서도 새로운 미디어가 갈급해질 것이다. 이런 것들이
왜 필요하고, 어떻게 만들어가야 하는지를 뜯어봤다.

1장에서 나는 한국에서 벌어지고 있는 정치가 어떻게 미래와의 연결고리를 스스로 끊고 과거에 대한 해석 투쟁에 매몰되고 있는지를 썼다. 경제전문가의 정치견문록이라고 보면 되겠다. 2장에서는 한국인의 사회적·경제적 삶이 지금 어떤 논리로 움직이고 있는지 '먹고사니즘'이라는 지배 이데올로기를 통해 살펴봤다. 3장에서는 그것을 극복할 새로운 가능성을 찾아봤다. 삶의 지속가능성 확보라는 목표와, 방법론으로서 사회혁신의 주요 요소들을 미래 사회를 읽는 데 필요한 코드로 제시했다. 4장에서는 그런 장기적 목표를 위해 우리 사회에서 시작되어야 할 변화의 출발점을 찾아본다.

5

정치의 변화는 사회의 변화와 삶의 변화로 이어질 수 있기는 하지만, 제한적인 범위에서만 가능하다. 사회가 바뀌지 않으면 정치도 바뀌기 어렵다. 물론 정치가 바뀌지 않고서는 사회가 근본적으로 변화하기 어려운 것도 사실이다.

다시 말해 정치의 혁신과 사회의 혁신, 삶의 혁신이 선순환하는 구조를 만들어낸다면 훨씬 더 큰 변화가 가능하다. 정치가 사회의 변화 방향을 보여주는 제도를 제시하고, 사회가 그 방향을 뒷받침하며 채워나가는 선순환, 이에 따라 개인의 삶이 변화하는 선순환, 그리고 사회가 변화하는 과정에서 정치가 그 변화를 읽고 다시 제도화시키는 선순환이 필요한 이유다.

이런 선순환이 가능하려면, 사회 전체가 정치에 열광하며 엄청난 양의 애정과 증오를 쏟아부으며 에너지를 소진하는 일이 줄어야 한다. 정치는 남의 일이고 정치가는 권력의 화신이기만 한 것처럼 조롱하며 천대하는 태도도 사라지는 게 바람직하다. 이를 위해서는 정치 안팎에서 당장의 변화가 필요하다. 이 책에서는 그런 지점을 짚어보고자 했다.

어쨌든 사회가 미래로 나아가려면, 정치가 해야 할 몫, 사회가 해야 할 몫, 개인이 해야 할 몫이 있다. 정치가 해야 할 몫을 쉽게 할 수 있게 물꼬를 터주는 제도와 문화의 변화가 필요하다. 그래야 사회가 해야 할 몫, 내가 해야 할 몫을 좀 더 손쉽게 할 수 있다.

하지만 궁극적으로 내가 할 일을 하지 않으면 변화는 일어나지 않는다. 소비도 투표다. 내가 어디로 쇼핑하러 가서 무엇을 사는지도 세상의 방향에 영향을 미친다. 주말에는 어디로 놀러 가는지, 여윳돈은 어디에 투자하는지, 어떤 회사에서 일하는지, 친구나 부모나 자녀와 어떤 대화를 나누는지도 모두 세상의 방향에 영향을 미친다. 결국은 그 모두가 정치다.

6

《이상한 나라의 앨리스》에서 이상한 나라에 간 앨리스는 웃고 있는 체셔 고양이를 만나 묻는다.

"제가 어느 쪽으로 가야 할 지 말해주시겠어요?"

고양이는 우습다는 듯 대답한다.

"그거야 네가 어디로 가기를 원하느냐에 달렸지."

앨리스는 다시 묻는다.

"어디가 어딘지 잘 모르겠어요."

고양이는 다시 말한다.

"네가 가고 싶은 데로 가."

"하지만 어딘가 가야 할 곳이 있다고요, 그게 어딘지는 잘 모르겠지만."

이렇게 대답하면서 앨리스 자신도 우스운 말이라고 생각한다.

체셔 고양이가 옳았다. 앨리스가 어디로 가야 할지를 생각하는 일은 결국 앨리스의 몫이다. 당신이 세상이 좀 더 나은 방향으로 바뀌어야 한다고 믿는다면, 가장 먼저 행동해야 할 사람은 대통령도 아니고 국회의원도 아니다. 바로 당신이다.

1장

이상한 나라의
대통령 선거

“정치가 바뀌어야 삶이 바뀝니다.”

나는 새로 만든 슬로건이 벽에 붙어 있던 안철수 후보 진심 캠프 사무실에서 불편한 마음으로 책상 위에 놓여 있는 정책 보고서를 바라보고 있었다. 제18대 대통령 선거전이 한창이었다. 각 후보 캠프에서는 연이어 유권자들의 마음을 살 공약을 발표하고 있었다. 그들 가운데 단연 압권은 이른바 ‘지역 공약’이었다. 우리 캠프에서 만든 ‘지역 공약’들이 그 두꺼운 보고서에 담겨 있었다.

각 정당에는 지역 조직이 있다. 이 조직은 늘 해당 지역의 여론을 탐지하고 중앙에 전달한다. 지역 여론이란 어떤 경우에는 날 것 그대로 표현한다면 지역 유지들의 민원사항이다. 주로 중앙정부가 돈을 들여 지역에 대형 시설을 지어달라는 지역토건개발 정책이다. 그래서 기존 정당에는 선거 때마다 쏟

수 있는 각 지역의 민원성 개발 공약이 잔뜩 준비되어 있다.

무소속인 진심캠프에는 그런 준비가 되어 있지 않았다. 사실 그런 준비가 필요하다고 생각하지 않았다. 후보의 가치와 철학에 맞지 않는 약속은 아예 하지 않을 작정이었다. 필요한 지역개발 정책이 있다면, 집권한 뒤 충분한 정보를 모으고 의견을 수렴해 추진하면 된다는 게 진심캠프의 기조였다. 선거 때는 개발의 필요성과 그것이 주는 사회적·환경적 영향을 엄밀히 따지기 어렵다. 특정한 지역 이익집단의 요구를 받고 지역민의 환심을 사려다 보면, 불합리한 개발 정책을 약속하기가 쉽다. 그래서 지역개발 공약에 부정적이었다.

그런데 문제는 그리 간단하지 않았다. 후보의 지역 방문 일정이 있을 때마다 사달이 났다. 후보가 가는 곳마다 지역 인사와 언론들이 '어떤 지역개발 정책을 내놓을 것이냐'라는 질문을 집중적으로 퍼부었다. 지역 언론에서는 끊임없이 세 후보의 해당 지역개발 공약을 비교하는 기사를 내보내겠다며 질의서를 보내왔다. 지역개발 정책을 내놓으라는 압박은 극심했다.

캠프의 명망가들은 각 지역으로 지원 유세를 다니곤 했다. 그때마다 지역개발 공약을 만들어달라는 강력한 요청을 받았다. 진심캠프에는 지역 조직이 없었지만, 각 지역마다 캠프에 우호적인 인사들이 있었다. 후보의 전국적 인기 덕이었다. 상당수가 후보의 가치와 철학을 잘 이해하고 있는 사람들이었다. 개발 공약에도 대체로 비판적인 그룹이었다. 하지만 이들 중 일부조차 나서서 지역 공약을 내놓아야 한다는 목소리를 내기도 했다. 지역에서 이기려면 타협을 감수해야 한다는 진심 어린 고언이었다.

단적으로 공항 문제만 놓고 보면 이렇다. 각 광역단체를 방문할 때마다 지역 공항을 확장하거나 새로운 공항을 지어야 한다는 요청이 나왔다. 다른 진영에서는 이미 약속했으니 우리도 해야 한다는 말이 뒤를 이었다. 하나하나 떼어놓고 보면 필요한 일처럼 들렸다. 하지만 그대로 받아들이면, 대선이 끝나는 대로 전국 방방곡곡에 새로운 공항을 짓고 늘려야 했다. 전문가들의 검증과 공항의 사회적·환경적 영향에 대한 고려는 끼어들 틈조차 없었다.

지역개발에 대한 요구는 공항에서 그치지 않았다. 새로운 고속철도와 고속도로, 심지어 해저터널도 고려해야 했다. 또한 주요 도시마다 산업단지를 조성하기 위해 토지를 개발해야 했다. 하나하나 이야기를 듣다보면 그 지역민들에게는 절박한 것들이었다. 그리고 경쟁 후보들은 이미 그 대부분을 약속했다. 충분한 검토 없이 덥석 약속부터 한 게 분명했다.

결국 진심캠프에서도 지역 공약을 준비하기로 했다. 태스크포스를 만들었고, 전국 각 지역의 여론을 수집한 뒤 전문가들의 조언을 받아 면밀히 검토했다. 그렇게 만든 보고서 중 하나가 바로 내 책상 위에 놓여 있었다. 전국 각 지역 유권자들의 욕망 ― '열망'이 아니라 '욕망' ― 의 맨 얼굴이 가득 담겼을지 모를 보고서였다.

공항을 짓더라도 항공사들이 취항하지 않아 활용되지 않고 텅 비어버린다면 세금을 낭비하면서 환경만 파괴하는 일이 되지 않느냐는 내 질문에 대해 알 만한 한 지역 출신 인사는 이렇게 대답했다. "그래도 일자리는 만들어지니 지역에는 도움이 된다. 직원들이 놀더라도 그들이 받은 월급을 지역에 떨어뜨려줄 수 있다. 어쨌든 중앙정부에서 온 돈이 지역에 풀리는 것 아닌가."

이른바 '먹고사니즘' ― 나에게 경제적으로 도움이 된다면 다른 고려는 하지 않는 이기적 이데올로기로서의 ― 이 다른 모든 가치를 압도하고 있었다.

정치가 세상을 바꿀 수 있을까

사람에게는 여러 가지 마음의 조각이 있다. 수십 개일 수도, 수백 개일 수도, 수만 개일 수도 있겠다. 그런데 이 가운데 어떤 사람에게는 여러 조각, 또 어떤 사람에게는 아주 작은 한 조각이 분명 어떤 종류의 욕망을 대표하고 있다.

이 조각들 가운데 어떤 욕망은 매우 건전하다. 누구나 자신이 속한 사회가 진보하기를 바란다. 누구나 조금씩은 우리가 살고 있는 환경이 더 깨끗해지기를 원하며, 사회에서 소외된 사람들이 좀 더 나은 삶을 살기를 원한다. 또 자신의 자녀들은 자신보다 더 나은 삶을 살기를 기대한다.

반면에 어떤 욕망은 날것 그대로다. 그야말로 '먹고사니즘'의 여과 없는 표출이다. 자신이 속한 사회의 모두에게 피해가 가더라도 나만은 안전했으면 한다. 나와 내 자식만은 소외되지 않았으면 한다. 세금이 조금 낭비되더라도, 우리 집 근방이 개발되어서 집값과 땅값이 올랐으면 한다. 공교육이 중요하고 고등학교만 나와도 잘살 수 있는 사회가 되어야 한다고 믿지만, 내 아이만은 외고와 자사고에 진학하고 일류대학에 갔으면 한다.

어떤 계기가 생기면 모두의 마음속에 있는 이 작은 조각들이 이리저리 합쳐지면서 엄청난 폭발력을 갖게 된다. 욕망이라고 다 나쁜 것은 아니다. 사회적·환경적 측면에서 더 나은 삶을 향한 집단적 욕망은 민주화도 이끌어냈고, 경제위기 때 금모으기 운동도 끌어냈으며, 어려운 이들을 위한 기부 행렬로 나타나기도 했다. 이런 욕망이 집단적으로 모이면 염원이 되고 여망이 되고 열망이 된다. 긍정성을 가진 집단적 욕망이 국가의 과제가 되어 적절히 실현될 때 역사는 한 걸음 전진한다.

어찌 보면 정치는 그런 욕망을 잘 조율하고 조합해 사회의 긍정적 변화를 끌어내야 하는 사명을 가진 영역이다. 선거는 그렇게 사람들의 마음을 모으는 대표적 계기 중 하나다. 대통령 선거는 그 정점에 있다고 할 수 있다.

그런데 묘하게도 언젠가부터 정치 앞에서 사람들은 특정한 욕망만을 내보이는 듯하다. 정치인이나 관료를 만난 사람들은 날것 그대로의 이기적 욕망을 폭발시킨다. 그들의 요구사항에 명분과 합리성이 끼어들 여지는 없다. 이해관계를 침해하면 바늘에 찔린 듯 분노한다. 배려와 합리적 토론은 아마추어적이고 무능한 행태로 치부된다. 사명과 명분을 나누는 집단이 될 수 있는 지지자 집단이, 순식간에 이익집단으로 돌변하는 모습을 보이기도 한다.

이런 행동은 선거 때 정점을 찍는다. 수백만의 마음속에 있는 욕망의 조각들이 뭉쳐지면서 엄청나게 큰 욕망의 덩어리가 만들어진다. 표를 구하려 동분서주하는 후보들은 이 덩어리 앞에 굴복할 수밖에 없다. 여기서 가치와 이성은 설 자리가 없다. 그저 표를 팔아 이익을 사려는 유권자와 이익을 팔아 권력을 사려는 정치인 사이의 거래가 있을 뿐이다.

대통령 선거 때의 지역개발 정책은 그 대표적 사례다. 물론 지역개발 정책 모두가 문제는 아니다. 하나하나 뜯어보면 공감 가는 개발 정책도 많다. 지역은 소외되어 있고, 지역민은 가난하고 희망이 없다. 이를 극복하려면 뭐라도 만들어내야 한다. 중앙정부가 돈 써서 개발 사업을 벌이는 게 어찌 보면 가장 쉽고 간단한 방법이다. 고작 몇 개라도 일자리가 생기고 땅값이라도 좀 오르면 지역에 돈이 풀리고 살 만하다고 느껴질 수 있다. 그런 데에서 지역민이 희망을 찾을 수도 있겠다. 한 지역만 놓고 보면 절박하고 필요한 일일 수도 있다.

문제는 이런 정책을 팔아 표를 사려 할 때 생긴다. 친환경적이면서도 경제적으로 합리적인 지역개발 정책을 만들어내기란 쉽지 않지만 불가능한 일은 아니다. 그런데 진짜 문제는 이런 정책을 만들어낸 다음에 일어난다. 어렵사리 정책을 만들어냈다 하더라도 그런 것을 한 지역에서만 약속해서는 곤란하다. 다른 지역과의 형평성을 고려해야 하기 때문이다.

결국 한 지역에서 개발 사업을 약속해주기 시작하면, 사회적·환경적·경제적 합리성과 상관없이 모든 지역에서 개발을 약속해줘야 하는 상황이 닥친다. 정치인은 약속을 하기 위해 지역의 요구를 묻고, 지역 언론과 오피니언 리더들은 약속을 얻어내기 위해 요구를 나열하는 악순환이 일어난다. 그렇게 한 약속을 모두 합쳐놓으면, 결국 난개발이고 국고낭비고 욕망의 덩어리인 게 분명한 모양새가 되어버린다. 선의로 출발한 지역개발 약속일지라도 말이다.

정치가 삶을 바꿀 수 있을까? 시곗바늘이 이미 자정이 지난 그 밤, 나는 스스로에게 묻고 있었다.

정치는 민의를 대변하는 것이라 했다. 그래서 국민이 원하는 변화를 이끌어내는 게 새로운 정치라고 했다. 그런데 국민이 정치에서 원하는 게 바로 이런 것이라면? 민의가 바로 욕망의 덩어리라면? 원론적으로 정치는 그 민의조차 충실하게 대변하는 게 본연의 임무일 텐데, 그 과정에서 정치가 삶을 더 나은 방향으로 변화시킬 수 있을까? 오히려 공항과 고속도로와 다리 건설을 향한 그 욕망이, 공동체 전체에 좀 더 장기적으로 도움이 되는 다른 무언가를 향한 욕망으로 바뀌고 나서야 정치가 바뀔 여지를 찾을 수 있지 않을까? 정치가 삶을 바꾸는 게 아니라 삶이 정치를 바꾸는 게 아닐까?

결국 검토한 지역 공약들은 발표되지 않았다. 안철수 후보는 지역 방문 때마다 '선물'을 요구하는 질문에도 꿋꿋이 '다음에 더 정확한 약속을 하겠다'고 대답했다. 캠프는 쏟아지는 언론의 질문에도 신중하게 검토하겠다는 답변으로 버텼다. 보고서는 세상의 빛을 보지 못했다. 후보는 사퇴하며 다른 후보를 지지했다. 그렇게 선거는 끝났다.

"정치가 바뀌어야 삶이 바뀝니다"라는 슬로건은 이렇게 바뀌어야 했다.

"삶이 바뀌어야 정치가 바뀝니다."

대한민국, 모든 것을 이룬 나라

한국 현대사는 매력적인 소설 한 편처럼 흥미로운 스토리라인을 갖고 있다. 한국 바깥에서, 한국을 잘 모르는 사람들에게 더 감동적으로 받아들여지는 훌륭한 이야깃거리가 있는 나라가 바로 한국이다. 미국 유학 생활 중 내 뇌리에 박혀 잊을 수 없는 두 가지 장면이 있다.

2004년 MBA 재학 중의 일이다. 나는 MIT의 세계적 석학 노엄 촘스키 교수가 MBA 학생에게 특강을 하는 자리에 참석했다. 촘스키 교수는 같은 학교 언어학과 소속이었다.

당시 미국은 이라크와 전쟁 중이었다. 미국의 진보적 지성인 촘스키 교수는 전쟁에 비판적이었다. 그리고 미국이 주도하는 현대 세계경제 체제가 제3세계 서민들을 수탈하는 야만의 길로 가고 있다고 우려했다. 한 시간 반가량 이어진 특강을 마무리할 무렵, MBA 학생 하나가 약간 삐딱한 질문을 했다. "교수님이 보기에 현재 이상적인 모습에 가깝게 발전하고 있는 나라가 있습니까? 지구상에 그런 사례가 있을까요?"

잠시 생각하던 촘스키 교수는 이렇게 대답했다. "한국(South Korea)이 한 사례가 될 수 있을 겁니다. 한국 국민들은 제국주의 식민지배를 딛고 일어나 다른 나라에 종속되지 않고 독자적으로 경제발전을 이루면서, 동시에 독재정권에 항거해 평화적인 방법으로 민주주의를 이룩해냈습니다. 세계 최고의 휴대전화와 인터넷 보급률을 자랑할 정도로 온 국민이 첨단기술을 골고루 누리며, 바로 2년 전에는 시민저널리즘이 발달하면서 네티즌의 힘으로 개혁적 정치인(노무현)을 대통령으로 선출할 정도로 풀뿌리 민주주의가 발전했습니다."

또 그해 여름 아테네 올림픽 개막식을 중계한 미국 공중파 방송 NBC의 앵커가 한 코멘트를 기억한다. 남북한이 함께 입장하는 순간 다른 나라가 입장할 때와는 달리 앵커가 긴 코멘트를 늘어놓았다.

"남북한 공동입장이 처음은 아니지만, 이번에는 탁구팀이 공동훈련을 하는 진전이 있었다고 합니다. 핑퐁 외교, 한국 스타일이지요. 다음 올림픽엔 단일팀을 구성한다는 이야기도 오간다고 합니다." 재미있는 이야깃거리를 많이 만들어내는 나라라며 멘트를 이어가던 앵커는 1988년 서울 올림픽 개막식을 언급했다. "성화 봉송 마지막 주자였던 손기정 씨는 반세기 전 일본 식민지 시절에 베를린 올림픽에서 금메달을 딴 마라토너였다고 합니다. 시상대에서 고개를 떨군 채 'I'm a Korean'이라고 되뇌던 젊은이가, 독립한 경제강국 한국에서 개최된 올림픽의 성화에 스스로 불을 붙이다니 정말 감동적이었지요."

사실 한국의 역사는 한 편의 아름다운 성공 스토리가 될 법하다. 식민지배에서 벗어났고 경제성장을 이뤘으며 민주화까지 얻어냈다. 이만큼 드라마틱한 현대사 가운데서도 여전히 역동성을 잃지 않은 나라는 찾아보기 힘들다. 외국 언론이 한국의 역사를 이야기할 때마다 "일본의 식민지배에서 해방된 뒤 전쟁까지 겪었으나 독자적인 경제발전을 이루며 독재를 극복하고 민주주의까지 이룬 나라"라는 수식어를 붙이곤 하는 것은 바로 이런 이유에서다. 독립과 민주화와 경제발전의 역사는 이미 한국의 트레이드마크다. 최소한 외부의 시선으로 보면 말이다.

그런데 우리 내면의 욕망을 중심으로 이런 현대사를 해석해보면 어떨까? 산업화와 민주화는 대한민국이 건국 이후 해결해야 했던 두 가지 중요한 과제였다. 한국인이 집단적으로 갖고 있던 두 가지 정당한 욕망이었다고도 할 수 있겠다.

대한민국의 주류 자리를 차지해온 보수세력은 대체로 산업화를 가장 중요한 과제로 설정했다. 물론 절박한 필요가 있었다. 그렇지 않아도 근대화가 완성되지 않은 상태에서 식민지가 됐고, 식민지배로 수탈당한 데다 전쟁으로 더 많은 것이 파괴된 나라였다. 당장 먹고살 것을 마련하는 것, 그리고 다음 세대가 먹고살 것을 마련하는 것이 국민의 삶에 가장 중요한 이슈였다.

이 나라는 그 과제를 훌륭히 달성한 셈이다. 한국경제는

1960년 이후 50년 동안 놀라울 만큼 성장했다. 1인당 국민소득은 1950년대에 거의 바닥이었지만 1970년대 후반 2천 달러대에서 2012년 2만 4천 달러까지 뛰어올랐다. 기업이라고는 찾아보기 어렵던 나라가 이제는 반도체와 휴대전화와 자동차와 철강을 생산하는 세계적 기업들을 보유한 나라가 됐다.

대한민국에서 '주류의 비주류' 자리를 성공적으로 차지한 민주개혁세력은 민주화를 가장 중요한 과제로 설정했다. 이 역시 산업화 못지않게 절박한 과제였다. 경제를 발전시켜야 한다는 명분 아래 수십 년 동안 한국은 군인이 지배하는 독재국가였다. 권력을 유지하기 위해 반대자들을 투옥하고 학살하는 일을 서슴지 않은 정권도 있었다. 권력에 복종하지 않는 사람은 탄압의 대상이 됐고, 가르치거나 배울 수 있는 지식이 무엇인지를 국가가 정했다. 선진국 가운데 이런 나라는 없다. 민주화는 나라가 한 걸음 더 발전하기 위한 필수적 과제였다.

이 나라는 이 과제 역시 훌륭하게 달성했다. 군부독재를 끝냈고, 대통령 선거 직선제를 얻어냈고, 민주화운동의 주역 두 명이 대통령을 지냈으며, 평화적 정권교체를 이뤘다. 이제 한국인은 자신이 원하면 누구라도 대통령으로 만들 수 있다고 믿고 있다.

그러고 보면 대한민국은 자신이 이루려 했던 과제를 두 세대가량을 거치면서 모두 달성한 놀라운 나라다. 그런데 뒤집어보면, 산업화와 민주화는 이제 더는 국민의 집단적 욕망의 대상일 수 없다. 이미 달성된 과제이기 때문이다.

"잘살아보세" 또는 이른바 '먹고사니즘'은 국민소득 2만 달러 시대에는 맞지 않는 이데올로기다. 이미 국민소득이 2만 달러인 상황에서 소득 증대가 국가의 과제라는 것은 어색하다. 같은 맥락에서 '민주주의' 역시 지금의 시대를 한 걸음 진보시키는 이데올로기가 될 수 없다. 대한민국에서 형식적 민주주의는 이미 달성된 과제다. 아무리 보수적으로 잡아도 1997년 김대중 대통령 당선 때 스무 살을 맞은 1977년생 이하에게는 분명히 그렇다. 선거를 통해 대표를 선출하는 형식적 민주주의는 완연히 자리를 잡았고, 같은 규칙에 따라 이미 여러 차례 대통령이 바뀌었다. 대부분의 한국인은 특정 대통령이 마음이 들지 않으면 다음번에 다른 사람으로 대통령을 바꿀 수 있다고 믿는다.

여기서 논제를 살짝 틀어 내용적 민주주의와 사회경제적 민주주의 그리고 경제민주화 이야기를 꺼낼 수는 있겠다. 그러나 이런 논의는 그리 대중적이거나 보편적인 논의가 아니다. 보통 사람에게 '민주화' 과제는 형식적 민주주의에서 끝나는 게 자연스럽다. 아무리 논의가 잘 이뤄지더라도 결국 새로운 문제를 낡은 틀에서 제기하는 전략적 실수로 귀결될 뿐이기 때문이다.

사실 중요한 것은 그다음이다. 민주화와 산업화가 훌륭하게 달성되었는데도 한국인들은 여전히 목이 마르다. 이유는 여러 가지로 진단되겠지만, 분명 더 나은 삶을 살고 싶어한다. 그 욕망이 현실에 대한 불만과 미래에 대한 불안으로 이어지고 있다. 현재에 만족스러워하거나 행복해하는 사람은 적고, 미래에 대한 불안 탓에 이미 가진 재산을 불리거나 가진 일자리를 지키는 데만 더 집착한다. 자유로운 삶을 꿈꾸면서도 결코 자유로워지지 못한다. 산업화되고 민주화되었지만, 이상하게도 대한민국은 여전히 불행하다.

과거와 과거가 맞붙은, 기묘한 선거

이런 맥락에서 보면 2012년 대한민국 제18대 대통령 선거는 매우 기묘한 선거였다. 이미 달성된 두 과제의 대표선수가 링에 올랐고, 온 나라가 다시 그 두 과제를 놓고 둘로 쪼개져 피투성이가 됐다.

산업화 세력은 박정희 전 대통령 시대의 경제성장을 추억하며 링에 올랐다. 그리고 산업화의 '방해세력'이던 민주화 세력을 적으로 돌렸다. 민주화 세력은 상대방을 민주화 탄압 세력으로 규정했다. 그래서 정권교체라는 구호로 승부했다. 그 구호 아래 민주화를 탄압하던 세력을 제외한 모든 후보들이 하나로 힘을 모았다. 산업화 세력의 집권을 막으려는 게 가장 큰 동기였다. 이정희 통합진보당 대표는 대선 TV토론에서 출마 동기를 묻는 질문에 "박근혜 후보를 떨어뜨리려고 나왔다"고 대답했다. 이 발언은 민주화 세력의 동기를 상징적으로 보여줬다.

두 세력은 치열하게 싸웠다. 정치권은 물론 지식인 그룹과 언론까지 둘로 갈려 사생결단을 했다. 이제야 궁금해진다. 고작 이미 달성된 두 과제를 다시 달성하기 위해 이들은 이렇게 사생결단을 했던 걸까?

산업화와 민주화가 둘 다 성공적으로 이루어졌지만, 사람들은 여전히 만족하지 못한다. 현재에 대한 불만은 커지고 미래에 대한 불안이 영혼을 잠식하고 있다. 이런 문제는 세 가지 반응으로 나타난다. 산업화 과제에 대한 그리움, 민주화 과제에 대한 여전한 갈증, 그리고 새로운 과제에 대한 막연한 열망이다.

산업화와 민주화는 내용이 분명하지만, 새로운 과제에 대해서는 구체적으로 어떤 열망이 있는지 그 누구도 아직 비전을 그려내지 못했다. 그런 탓에 과거의 산업화와 민주화 논리가 담론 지형을 장악하고 있다. 새로운 과제를 비전으로 제시하는 리더가 없었던 것은 물론이고, 대중조차 스스로 무엇이 결핍되었고 무엇이 필요한지 구체화하지 못하고 있다.

복지국가나 경제민주화 같은 과제가 언급되기도 했다. 2010년 지방 선거 당시와 2011년 서울시장 사퇴 때 크게 이슈가 된 무상급식이 복지 확대 이슈로 다시금 대선 국면에 등장했다. 재벌의 편법상속과 대기업의 골목상권 진출에 자영업자 증가 현상이 겹쳐지면서, 재벌개혁과 골목상권 지키기도 선거 이슈로 떠올랐다. 이 두 가지 이슈는 '복지'와 '경제민주화' 공약으로 이어졌다.

그런데 재미있는 사실은 산업화 세력을 대표해 출마한 후보와 민주화 세력을 대표해 출마한 후보 둘 다 '복지'와 '경제민주화'라는 같은 구호를 썼다는 점이다. 특히나 산업화 세력이 이 구호를 받아들인 것에 많은 민주화 세력 지지자들은 놀랐다. 한국에서는 이것이 언제나 진보진영의 구호였기 때문이다.

하지만 이는 어찌 보면 당연한 일이다. 산업화 세력은 그 싸움의 성격을 명확히 정의하고 있었던 셈이다. 2012년 대선은 미래의 과제를 놓고 다투는 싸움이 아니었다. 중요한 것은 과거였다. 과거를 어떻게 해석하느냐가 과제였다. 한국 현대사를 산업화 세력의 관점에서 해석하고 그 한 막을 마무리할 수 있다면, 어떤 과제든 못 받아들일 이유가 없었다. 복지나 경제민주화가 새로운 시대의 과제라서 받아들이는 게 아니다. 이런 구호는 단지 무기일 뿐이다. 전투가 벌어졌는데 어떤 무기든 쓰지 못할 이유가 없었을 것이다. 깃발만 차지할 수 있다면 말이다.

'산업화'가 깃발이었다면, '복지'나 '경제민주화'는 무기였다. 미래와 새로운 시대 운운하는 구호는 모두 깃발이 아니라 무기였다.

하지만 민주화 세력 또한 이들을 미래의 과제로 재정의하지는 못했던 것 같다. '경제민주화'라는 용어는 이를 상징적으로 드러낸다. 그 내용은 좁게는 재벌의 특권을 없애는 것이고, 좀 더 넓게는 대기업과 중소기업, 기업과 자영업자 등이 시장에서 공정하게 경쟁할 수 있도록 보호정책을 펴는 것, 더욱 넓게는 노동자가 정당한 대우를 받게 하는 것과 기업지배구조를 다양한 이해관계자 중심으로 재편하는 것 등이 포함된다고 전문가들은 말한다. 폭넓다고 볼 수도 있지만, 국민들 대다수에게는 모호하게 느껴질 것 같은 정의다.

더구나 많은 한국인에게 민주화는 이미 달성된 과제로 여겨지고 있다. 그런데 왜 굳이 '노동자에 대한 정당한 대우' 같은 새로운 과제를 과거의 구호 안에 밀어 넣었을까? 민주화 세력 역시 마음 깊숙이 싸움의 성격을 '과거에 대한 해석 투쟁'으로 여기고 있었던 것 아닐까? 한국 현대사를 산업화 세력 중심으로 해석하고 정리하는 데 반대하는 것, 즉 반독재 민주화의 추억이 깃발이었고, 다른 정책은 그저 무기로 여기고 만 것은 아닐까?

잠시 2002년 대통령 선거로 시곗바늘을 되돌려보자. 그때 국민들은 무엇을 선택했던 것일까?

정치인 노무현은 한편으로는 민주화 세력의 지지를 등에 업고 등장했다. 1988년의 청문회는 그런 그를 보여준 중요한 창이었다. 그러면서도 한편으로는 그가 새 시대의 새로운 과제를 여는 데 매개가 될 것 같다는 느낌을 줬다. 지역균형발전에 대한 신념, 직선적이고 감성적인 성격, 고등학교만 졸업한 학력이 그것을 대표했다.

아마도 그를 지지한 사람들은 두 부류로 나뉠 것이다. 한 부류는 민주화 과제를 이어갈 적임자로 노무현 대통령을 인식한 부류다. 또 다른 부류는 산업화와 민주화를 넘어 새로운 시대를 열 적임자로 노무현 대통령을 인식한 부류다.

이번에는 2007년 대통령 선거 때로 가보자. 당시 이명박 대통령을 선택한 사람들도 2002년 노무현을 선택한 사람들처럼 두 부류로 나뉜다. 한 부류는 민주화 세력의 10년 집권에 맞서면서 산업화 과제를 수행할 적임자로 이명박 대통령을 선택한 부류다. 권위주의 정권 때 경영자로 성장했다는 점에서 그는 그런 선택을 받았다. 그러나 또 다른 부류는 산업화와 민주화를 넘어 새로운 시대를 열 적임자로 이명박 대통령을 인식

했다. 자수성가한 기업인이고, 보수정당 소속이지만 주류가 아니라는 점이 이런 이미지를 줬다.

이 열망이 더 뜨겁게 커지면서 이어진 것이 2012년 대통령 선거에서 나타난 '안철수 현상'이다. 산업화와 민주화를 넘어선 새로운 가치와 비전에 대한 집단적 욕망이 있었다. 그 욕망은 열망으로 표출됐고, 이것이 안철수 후보에 대한 지지로 이어졌다. 그러나 그들의 열망은 새로운 국가과제와 미래 비전으로 꽃피지 못했다. 결국 안철수 후보는 중도사퇴했고, 2012년 대선은 산업화 세력과 민주화 세력의 양자대결로 판이 짜였다. 선거전에서 표출된 과제로만 보면 2002년 이래 어느 선거보다도 후퇴한 구도다.

목마름은 있었지만 목마름을 달랠 물이 어떤 종류여야 했는지는, 물을 마실 사람도 물을 줄 사람도 알지 못했다. 그래서 그저 마시던 종류의 물만 계속 찾았던 셈이다. 거처를 찾지 못한 욕망은 엉뚱하게도 증오와 대립의 에너지로 이어졌다. 서로를 인정하지 않는 싸움이 됐다. 새로운 시대에 대한 열망은 산업화와 민주화라는 과거 구도 속에 묻혀버렸다.

결국 이 선거는 51.6퍼센트를 득표한 박근혜 새누리당 후보의 당선으로 끝났다. 야권 후보 모두가 사퇴하며 지지한 문재인 민주통합당 후보는 48.0퍼센트를 득표했다. 결과적으로 산업화 세력이 좀 더 많은 국민의 지지를 얻은 셈이다. 그리고

패배한 민주화 세력 또는 국민의 절반은 정신적 공황상태에
빠졌다.

최선의 선거는 미래와 미래가 맞붙어 경쟁하는 선거다. 이
때 선거는 각 후보가 자신이 그리는 국가의 미래 비전을 내놓
고 당당히 겨루는 정책선거가 된다. 차선의 선거는 과거와 미
래가 맞붙어 경쟁하는 선거다. 이 선거는 미래 비전을 내놓고
입증한 후보가 이기는 선거가 된다.

최악의 선거는 과거와 과거가 맞붙어 경쟁하는 선거다. 과
거 해석에 집착해 미래에 대한 고려는 실종된다. 정책이 없거
나, 후보들이 애써 내놓아도 국민의 관심을 끌지 못하는 선거
가 된다. 경쟁자들은 과거에 대한 해석을 놓고 서로를 증오하
며, 그 증오는 전국으로 확산된다.

인신공격이나 금전살포만이 최악의 선거를 불러오는 것은
아니다. 전 국민이 과거에 집착하며 서로를 증오하게 만드는
선거, 즉 과거 대 과거가 맞붙는 선거도 최악이다. 2012년 한국
의 대통령 선거는 바로 그런 선거로 마무리됐다.

51 대 49라는 성적표

2012년 대통령 선거 결과는 상징적이다. 한국은 명실상부한 51대 49의 사회가 됐다. 이 숫자는 앞으로 우리 사회가 겪을 여러 가지 시련을 예고한다. 무엇보다 걱정스러운 것은 이런 식의 구도가 증오의 시대를 불러올 수 있다는 점이다. 서로 나머지 절반을 '악의 무리'로 치부하며 모두 잘못된 것으로 싸잡아 비난하는 모습이 일상화될 수 있는 것이다.

이런 시대에는 서로의 삶을 진지하게 성찰하는 모습은 찾기 어려워진다. 공동체가 어디로 가야 할지 토론하기도 쉽지 않다. 단지 지난번 선거에서 누구에게 투표했느냐, 다음 선거에서는 어느 세력에게 투표할 것이냐에 따라 그 사람의 정체성을 판단받는다. 정책이 보수적인지 진보적인지, 비전이 성장지향적인지 보존지향적인지 등 생각의 내용은 그리 중시되지 않는다. 그 사람이 '누구 편'이냐가 가장 중요하게 여겨진다. 우리 사회가 정치사회적으로 맞을 수 있는 최악의 시나리오다.

안타깝게도 이미 2000년대 초반부터 증오의 싹이 텄고, 2012년 대선 전후에는 그 본격적 증상이 드러난 것으로 보인다. 선거 기간 동안 케이블 채널에서는 심지어 이런 막말도 흘러나왔다.

"단일화는 한 편의 막장 드라마다. 안철수는 콘텐츠 없는 약장수다."

윤창중 당시 칼럼세상 대표가 채널A 〈이언경의 세상만사〉에 출연해 한 말이다. 윤 대표는 이후 대통령직 인수위원회 대변인과 청와대 대변인으로 변신해 주목을 받는다. 막말은 선거 뒤에도 이어졌다.

"즉각 수사해야 하는데, 검찰총장께서 직무유기하고 있어요. 나라 도둑년이거든요. 선거는 중요한 게 공정성인데 남을 욕하고 이래서 되겠어요? 이 사람은 처음부터 돈을 횡령하기 위해 아주 계획적으로 나온 사람이지, 공정한 룰에 의해 출마해서 심판받으려 한 게 아니라 도둑년이죠. 왜 그냥 놔둡니까?"

이정희 통합진보당 후보가 박근혜 새누리당 후보의 명예를 훼손했다며 검찰에 고발한 성호 스님이 MBN 〈뉴스M〉에서 한 말이다. 성호 스님의 막말은 문재인 민주통합당 후보도 겨냥했다.

"국정원 여직원한테 문재인이가 왜 피의자라고 해요? 잡아넣어야 돼요, 문재인도."

후보가 아닌 전문가들에게도 증오의 그림자가 드리웠다. 채널A 〈박종진의 쾌도난마〉에서는 '정치권에 기생하는 진보진영 5대 선동가'를 뽑았다면서 다섯 명의 교수와 작가 이름을 사진과 함께 내보이며 30분 동안 비난 행진을 이어갔다. 그 방송의 출연자는 시사평론가 이봉규 씨였다.

이 정도 막말은 아니지만 이정희 통합진보당 후보도 논란을 일으켰다. 그는 TV토론에서 "박근혜 후보를 떨어뜨리기 위해 나왔다", "새누리당은 없어져야 한다"고 말했다. 상대편의 존재를 부정하는 태도였다. 나중에 여러 여론조사에서는 이정희 후보의 이런 태도가 보수층 결집의 한 요인이 됐다는 분석이 나오기도 했다.

종편의 증오 보도는 사실 '돈 되는 장사'였다. 그들의 시사·보도 프로그램은 대선 직전 일주일 동안 YTN과 EBS보다도 높은 시청률을 기록했다. 정도의 차이는 있지만 신문 역시 여느 때처럼 두 편으로 갈렸다.

산업화 세력은 상대편에 색깔론과 저주의 막말을 쏟아부었다. 민주화 세력은 상대방을 조롱하고 존재 자체를 부정했다. 미래 비전을 놓고 다투는 경쟁이어야 할 선거가, 상대를 없애야 이기는 전쟁이 됐다. 미디어는 이를 증폭시키는 플랫폼이었다. 상대를 적으로 규정하고 전쟁을 벌이는 선거가 될 가능성이 가장 높은 51 대 49의 대결 상황에서, 미디어가 오히려 증오와 갈등을 키운 것이다. 정치적 양극화는 정점에 다다랐다.

급기야 공중파 방송에서 "보수와 진보는 신체적 특징과 유전자에 의해 결정된다"는 의미를 내포하는 보도를 하기도 했다. 정치적 신념이나 사회문제에 대한 소신은 토론을 해서 바뀔 수 있는 게 아니며, 두 그룹은 처음부터 전혀 다른 종류의 인간이라는 내용이었다. 그렇다면 서로 대화하고 토론할 이유는 전혀 없어지는 것이다.

2013년 2월 18일 MBC에서 방송한 "'알통 크면 보수?' 보수·진보 체질 따로 있나"라는 제목의 뉴스 중 일부를 살펴보자.

> 12년 전부터 헬스장에서 땀을 쏟아온 임종민 씨. 운동이라곤 거의 하지 않는 금재용 씨. 둘은 모두 소득이 꽤 높고, 자신이 이 사회에서 살 만하다고 생각하는 중산층입니다.
>
> 힘이 얼마나 센지를 나타내는 알통 둘레를 재봤습니다. 임씨는 35센티미터, 금씨는 31센티미터.
>
> 저소득층을 위해 어느 정도 소득을 분배해야 하는지, 둘 모두에게 똑같은 질문을 해봤습니다.
>
> (임종민) "더 어려운 사람이 있다고 국가에서 과도하게 세금을 걷는다면 그건 좀 지나치지 않을까요?"
>
> (금재용) "세금을 거둬서 가난한 사람들에게 나눠주는 건 국가의 의무이고 책임……"
>
> 무엇이 이 둘의 신념을 갈라놨을까요? 분명 받아온 교육과 가정환경 등이 지대한 영향을 미쳤을 것입니다. 하지만 이 두 사람의 힘의 차이도 신념의 차이에 상당한 영향을 미쳤을 것이라는 흥미로운 연구 결과가 있습니다.
>
> 미국과 덴마크의 연구팀이 소득이나 가정환경이 다양한 미국,

아르헨티나, 덴마크 등 3개국 1,500여 명에게 부의 재분배에 대한 평소 신념을 물었더니, 알통이 굵은 남자들 다수가 자신의 경제적 형편에 유리한 이념을 선택한 반면, 알통이 가는 남자들 다수는 자신의 이익을 대변하는 데 소극적이었습니다. (……) 여기서 한발 더 나가는 연구 결과도 있습니다. 아예 태어날 때부터 어느 정도 정치적 성향에 영향을 주는 유전자가 있다는 얘기입니다. (……) DRD4라는 유전자가 있는데, 이 유전자에 변이가 있는 사람은 친구를 많이 사귈수록 진보적 성향이 점점 강해지는 것으로 확인됐습니다.

정치인이나 평론가나 미디어만 탓할 일은 아니다. 포털사이트나 인터넷 신문 기사에 달린 댓글을 보라. 인신공격을 넘어 욕설이 난무하는 것을 흔히 볼 수 있다. 놀라운 점은 이런 욕설을 쓰는 사람들 대부분이 일상에서는 착한 아빠나 엄마, 직장에서는 성실한 회사원으로 열심히 살아가는 보통 사람들이라는 것이다.

공개된 인터넷 공간에 특정인의 실명을 거론하며 글을 쓰는 행위는 사실 신문에 공개적으로 그 사람에 대해 글을 쓰거나 그 사람 면전에 대고 직접 이야기하는 것과 비슷한 행위다. 그만큼 그런 글쓰기에는 책임이 뒤따라야 한다. 하지만 최소한의 양식 따위를 고려하기에는 이미 증오가 지나치게 차고 넘친다.

초등학생 아들을 잃은 임수경 씨에 대한 댓글 사건은 증오의 시대를 상징적으로 보여준다. 사람들은 임수경 씨의 아들이 세상을 떠났다는 기사 아래에 '빨갱이', '인과응보'라는 내용의 댓글을 줄줄이 달았다. 과거 통일운동을 하고 북한을 방문했다는 이유에서다. 그런 댓글을 단 사람들 가운데 상당수가 고학력 고소득의 사회 엘리트 계층이었다는 점도 충격적이다.

그렇다고 인터넷 공간이 문제라는 식으로 여기진 말자. 기술이 상황을 증폭하거나 축소할 수는 있지만 흐름을 바꾸지는 않는다. 인터넷 공간에서 넘쳐나는 증오의 물결은 우리 마음속에서 실제로 일어난 일을 반영할 뿐이다. 가까운 사람들끼리 만난 자리에서도 증오의 언사는 충분히 넘쳐나지 않는가.

시곗바늘을 다시 2007년으로 돌려보자. 당시 시중에 유행하던 말은 "이게 다 노무현 때문이다"였다. 모든 나쁜 일에 대해 대통령 탓을 하는 게 유행이었다. 산업화 세력에서 시작되어 확산된 말이다.

물론 노무현 대통령이 이끈 참여정부에 실책이 없지 않았다. 그러나 정책적 실패에 대한 비판과 막말 비난은 다르다. 사실관계와 어긋난 것이라면 더욱 그렇다. 당시 많은 이들이 참여정부를 비리와 부정부패로 얼룩진 것처럼 묘사했다. 노

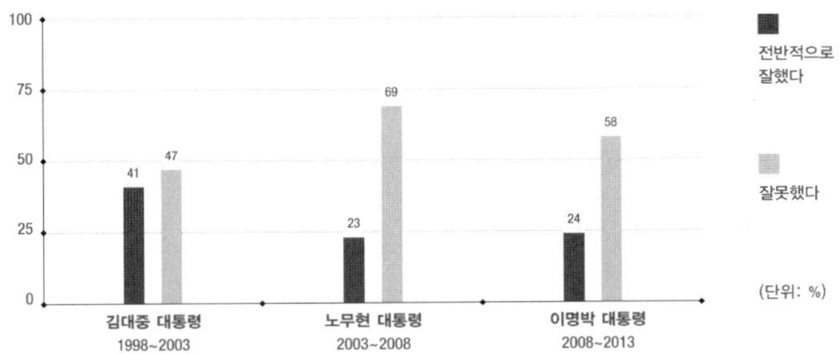

* 김대중 대통령: 2003. 2. 11. 전국 성인 549명 전화조사, 표본오차 ±3.3%포인트

* 노무현 대통령: 2007. 12. 25~26. 전국 성인 5,031명 전화조사, 표본오차 ±1.4%포인트

* 이명박 대통령: 2013. 2. 13~15. 전국 성인 1,006명 전화조사, 표본오차 ±3.1%포인트

※ 표본오차(95% 신뢰수준), 한국갤럽 조사

대통령이 퇴임 뒤에 머물 사저가 아방궁이라는 말이 나돌았고 이에 대한 비판이 중앙 일간지의 사설로까지 등장했다. 나중에 이는 거의 사실과 다른 것으로 밝혀졌다.

그리고 2012년, 대통령은 바뀌지만 데자뷔와도 같은 상황이 벌어진다. "이게 다 이명박 때문이다"라는 말이 유행했으니 말이다. 사람들은 또다시 모든 나쁜 일에 대해 대통령 탓을 했다. 아마도 민주화 세력이 그러기 시작했을 것이다. 물론 이명박 대통령에게도 실책이 많이 있었다. 하지만 앞서 말했듯 실책에 대한 비판과 증오는 다른 법이다.

증오의 사회, 미국

미국이야말로 민주당과 공화당이 51 대 49로 분점하고 있는 당파사회다. 최근의 미국 대통령 선거 결과를 보자. 2004년에는 공화당의 조지 부시가 민주당의 존 케리에게 50.7퍼센트 대 48.3퍼센트로 이겼다. 2008년에는 민주당의 버락 오바마가 공화당의 존 맥케인에게 52.9퍼센트 대 45.7퍼센트로 이겼다. 2012년에는 버락 오바마가 미트 롬니에게 51.1퍼센트 대 47.2퍼센트로 이겼다.

이미 오랫동안 51 대 49 사회를 겪어온 미국은 증오의 사회, 극단적 당파의 사회가 어떤 것인지를 보여주고 있다. 공화당 지지자들의 뜨거운 사랑을 받으며 단기간에 주요 뉴스채널로 성장한 폭스뉴스는 그런 시대를 상징하는 매체다.

24시간 뉴스채널인 폭스뉴스는 1996년 닻을 올렸다. 세계적인 미디어 재벌 루퍼트 머독(Rupert Murdoch)이 소유주다. 미국의 3대 지상파 방송인 ABC, MSNBC, CBS와 케이블 뉴스채널 CNN이 지나치게 진보적이라고 비판하면서 출범했다. 폭스뉴스는 미국 민주당과 자유주의자들에 대한 반감을 노골적으로 드러내면서도 5년 만에 CNN과 MSNBC의 시청률을 따라잡으며 이익을 내는 놀라운 실적을 보여주었다.

폭스뉴스의 가장 큰 성공요인은 정치적 편향성에 있다. 언론사가 편향성을 갖는다면 마이너스 요인이 될 것 같은데 성공요인이라니 이상하게 느껴질 수도 있겠다. 하지만 사실이다. 강준만 전북대 교수가 이런 내용을 상세하게 잘 정리한 책《증오 상업주의》에서 지적한 대로 "편향성은 돈 되는 장사"였다.

폭스뉴스는 이전까지는 극단적 주장 때문에 공중파 뉴스에 등장하지 않던 보수적 비평가들을 대거 출연시켰다. 이들은 "북한의 김정일이 오바마를 지지한다"라는 식의 근거 없는 주장을 생방송에서 서슴없이 한다. 그러니 이런 주장을 들으며 통쾌함을 느낄 사람들이 우선 시청자가 된다. 정치적으로 보수적인 유권자들이다. 또한 미국 중심주의와 애국주의를 끊임없이 강조한다. 2001년 9·11 테러 이후 '테러와의 전쟁' 시기에 폭스뉴스는 주요 뉴스 시간마다 배경화면으로 성조기를 깔았다. 이라크전쟁 때는 미군을 "우리 군대"라 부르고 오사마 빈 라덴을 "괴물"이라 부르며 애국주의를 자극했다. 진행자 빌 오라일리(Bill O'Reilly)는 진보적 출연자에게 "닥쳐!(Shut up!)"라는 말을 남발한다.

의외로 시청자들은 새로운 사실을 깨우쳐주는 뉴스보다 자신의 입장을 재확인시켜주는 뉴스를 선호하는 모양이다. 정확한 뉴스보다는 자극적인 뉴스를 좋아하는 것 같기도 하다. 그래선지 많은 시청자들이 폭스뉴스 쪽으로 채널을 돌렸다.

시청률이 오르고 이익을 내는 것까지는 그래도 괜찮다. 문제는 그다음이다. 이런 뉴스를 본 사람들이 단지 그것을 즐길 뿐 아니라 그대로 믿어버리는 문제가 생긴다. 폭스뉴스는 CNN을 제치고 신뢰도까지 가장 높아졌다.

역시《증오 상업주의》에 나온 예다. "사담 후세인과 알 카에다는 관련 있다", "이라크에서 대량 살상 무기가 발견됐다", "다른 나라들이 미국을 지지하고 있다"라는 세 가지 항목에 대해 미국인들에게 설문조사를 했다. 세 가지 모두 사실이 아니지만, 조사 결과 세 가지 모두 사실이라고 답한 미국인이 전체의 8퍼센트였다. 문제는 이다음이다. 폭스뉴스 시청자 중 45퍼센트가 세 가지 모두를 사실이라고 믿었다. 사실과 동떨어진 이야기를 반복적으로 듣다보니 상당수 시청자가 엔터테인먼트를 넘어 이를 실제 사실로 믿어버리게 된 것이다.

언론의 가장 중요한 기능은 사회의 다양한 의견이 토론되며 수렴되도록 하는 것이다. 공론의 장을 만드는 일이라 할 수 있다. 그런데 폭스뉴스의 사례는 언론이 오히려 사회의 의견을 양극화할 수 있음을 보여준다.

폭스뉴스는 경제적 측면에서도 성공을 거뒀다. 사실 공격적인 정치적 의견만 보도하는 데는 큰돈이 들지 않는다. 훌륭한 기자를 많이 고용할 필요도 없다. 현장특종이 필요 없기 때문이다. 값비싼 장비를 많이 들여놓을 필요도 없다. 현지촬영을 많이 하지 않고, 스튜디오에 출연자 한두 명만 앉혀놓고 방송을 하면 되기 때문이다. 출연료를 많이 줄 필요도 없다. 공격적 의견을 가진 이들은 어떻게 해서든 이 방송에 출연하고 싶어 안달이기 때문이다.

거꾸로 미국 공화당 정치인과 보수단체들은 MSNBC와 CNN 등의 방송뉴스가 지나치게 민주당 편향적이라고 끊임없이 비판했다. 그 대립과 증오가 얼마나 심했으면, 버락 오바마 대통령이 이런 연설까지 했겠는가?

"우리의 논쟁은 너무 극단적으로 대립되고 있다. 우리의 토론이 상처를 치유하는 방식인지, 더 상처를 주는 것인지 확인하기 위해 잠시 토론을 중지하는 것도 필요하다. 이번 사건을 정치적으로 이용해 상대를 비난하지 말고, 상대방의 이야기를 더 신중히 듣고 대안을 찾으며 도덕적 지혜를 기르자. 이 비극은 현재 우리의 시민의식이 부족하다는 사실이 아니라 더 높은 시민의식과 공공담론을 갖춘다면 아무리 어려운 난관도 극복할 수 있다는 사실을 가르쳐준다."

2011년 1월 8일 민주당 하원의원인 개브리엘 기퍼즈(Gabrielle Giffords)에게 중상을 입혔던 미국 애리조나 주 투손 총기 난사 사건 희생자 추도식에서 한 연설이다. 이 난사로 여섯 명이 사망했는데, 이후 민주당과 공화당은 독설을 주고받으며 책임공방을 벌였다. 보다 못한 오바마 대통령이 토론을 멈추자는 연설까지 하게 된 것이다.

2008년 글로벌 금융위기 이후 월가 점령 시위에서는 "우리가 99퍼센트다(We are 99%)"라는 유명한 구호가 나왔다. 세계자본주의는 2000년대 초부터 불평등을 확대한다는 비판을 지속적으로 받았다. 그런데 그때 나온 슬로건은 "2 대 8 사회"였다. 우리가 사는 세계가 부유한 2와 가난한 8로 나뉘는 상황을 비판적으로 묘사한 슬로건이다. 그러다가 글로벌 금융위기 뒤에는 아예 세계가 1퍼센트의 부유층과 99퍼센트의 몰락하는 중산층 및 서민으로 극단적으로 나뉘고 있다고 월가 점령 시위대는 이야기했다. '2 대 8 사회'가 '1 대 99 사회'로까지 간 것이다. 양극화의 절정이라 할 수 있다. 그걸 표현한 구호가 바로 "우리가 99퍼센트다"였다. 많은 지식인과 언론이 월가 점령 시위대의 문제의식을 받아들여, 1 대 99 사회의 문제점을 고발하며 우려했다. 탐욕을 부추기는 제도 위로 올라선 자본주의가 무너지기 일보 직전까지 갔다는 비판이다.

1 대 99의 사회는 자본주의의 처참한 맨 얼굴이지만, 51 대 49의 사회도 만만치 않게 처참하다. 패자인 49는 만만치 않은 패자다. 2퍼센트만 가져오면 모든 것을 되찾아올 수 있다는 기대감을 늘 갖고 있다. 따라서 51의 일부를 허물기 위해 끊임없이 공격할 유인을 갖고 있다. 조금만 허물면 되기 때문에 근본적인 문제 제기를 할 필요는 없다. 조금만 부도덕하고 무능

하다고 여기게 만들면 그만이라고 쉽게 생각하기 마련이다.

　문제는 승자인 51도 늘 위태로운 승자라는 사실이다. 2퍼센트만 빼앗겨도 가진 것을 모두 잃어버린다는 위기감에 늘 시달린다. 따라서 49의 공격에 대해 너그럽기 어렵다. 증오를 증오로 받아쳐야 할 가능성이 높다. 문제를 근본적으로 성찰할 유인이 거의 없음은 물론이다. 결국 증오의 정치는 피할 길이 없게 된다.

　사회경제적으로는 1 대 99인데 정치적으로는 51 대 49로 대표되는 상황이라면 문제는 더욱 심각하다. 실제 국민 한 사람 한 사람의 삶이나 가치는 전혀 대표되지 않는 상태에서 증오와 욕망만 난무하는 정치가 되기 쉬운 것이다. 그런 정치가 증오를 사회와 경제로까지 퍼뜨리면 더 위험하다.

증오의 정치가 증오의 사회로

정치적 양극화가 지나치게 심한 증오의 시대는 그 자체로 나쁘지만, 실질적으로도 매우 나쁜 결과를 가져온다. 최악의 시나리오는 정치가 아닌 영역에까지 증오가 확산되는 것이다. 한국사회에 내재된 다양한 갈등이 증오와 막말의 정치 와중에 터져 나올 가능성이 크다는 이야기다. 유색인종 혐오, 특정 지역 배제, 세대 간 증오 등이 이미 그 싹을 보이고 있다. 증오정치가 증오사회를 부르는 것이다.

2012년 4월 국회의원 총선에서 새누리당은 영화 〈완득이〉에 출연한 필리핀 출신 이자스민 씨를 비례대표 의원 후보로 공천한다. 그녀는 국회의원이 됐다. 그런데 선거과정 중 트위터 등 SNS 공간에서 이자스민 씨에게 가해진 증오는 차마 눈뜨고 보기 힘들 정도였다. 많은 사람들이 잔인한 방법으로 20대 여성을 살인한 조선족 오원춘의 사례를 들어가며 외국계 국회의원에 대한 증오심을 표출했다. 흥미롭게도 이런 사람 중 상당수가 새누리당보다, 상대적으로 진보적인 민주화 세력을 지지하는 사람들이었다. 진보적인 정치세력은 대체로 다문화 문제에 대해서도 다인종주의를 지지하는 등 너그러운 정책을 지지하기 마련이다. 그런데 거꾸로 새누리당이 외국계 국회의원 후보를 공천하자 민주화 세력 지지자들 중 일부가 다인종주의에 극심한 혐오감을 드러낸 것이다.

이 장면을 목격하는 순간 한국의 정치에 대한 골수 지지자들은 사실 보수적이지도 진보적이지도 않을지 모른다는 생각이 들었다. 우리 편이 하면 뭐가 됐든 좋은 것이고 상대편이 하면 뭐든 나쁜 것이라고 생각하는 수준일 수 있다는 이야기다. 게다가 이렇게 공격하기 쉬운 이슈가 등장하면 더 강하게 공을 하는 것이다.

만약 민주당 쪽에서 먼저 이런 부류의 인물을 국회의원 후보로 공천하는 데 적극적으로 나섰다면 어땠을까? 이렇게 극심하게 혐오감을 표출했을까? 물론 새누리당 지지자들 중 일부가 벌떼같이 들고 일어나 충분한 증오심을 보여줬겠지만 말이다.

결국 그 행위가 무엇이냐보다는 누가 그 행위를 했느냐가 판단의 근거가 된다. 이게 바로 절반으로 나뉜 51 대 49 사회의 중요한 특징이다. 다양한 의견을 정치적으로 표출하고 토론할 길은 없다. 정치세력은 단순히 두 개로만 나뉘어 있다. 그러니 증오가 판치는 것이다.

이자스민 의원에 대한 비난은 인터넷 공간에서 지금도 이어지고 있다. 미국이나 유럽에서 보이는 반인종주의의 그림자가 한국사회에도 드리운 것이다. 기묘하게도 민주화 세력 지지자 가운데 일부가 여전히 적극 가담하고 있다.

〈뉴욕 타임스〉 인터넷판과 〈인터내셔널 헤럴드 트리뷴〉은 한국의 반이민운동가들이 이 의원을 '독초'라 비난한다고 보도했다. 그리고 이 의원을 국회에서 추방함으로써 국회를 정화해야 한다는 주장이 나오고 있다는 점을 함께 보도했다. 외국 언론의 눈에도 이런 모습이 선진국에서 일어나던 반인종주의적 행태와 비슷해 보이는 것이다.

이런 갈등은 단지 인종주의에만 국한되지 않는다. 세대, 종교, 지역, 성별 등 사회갈등의 불씨가 숨어 있는 곳은 정말 많다. 정치적 양극화와 당파성 강화는 이런 다양한 갈등을 확대재생산할 수 있다. 사회가 정치에 기대하는 것과 정반대 역할을 정치가 하게 되는 꼴이다.

또 한 장면을 떠올려보자. 2012년 대선 뒤 다음 아고라 토론방에는 "지하철 노인 무임승차 폐지해주세요"라는 청원이 올라온다. 50대 이상 고령자들이 집중적으로 여당에 투표해 박근혜 후보가 대통령으로 당선된 것에 대한 반발심리에서 나온 반응으로 보인다. 단 며칠 만에 1만 명 이상의 네티즌이 이 청원에 서명했다. 토론방에는 노인의 투표권을 박탈해야 한다는 글까지 올라왔다. 일부 네티즌은 기초노령연금 폐지를 주장했다. 기본적으로는 복지 확대 기조를 지지하는 민주화 세력 지지자들이, 상대 세력에 대한 미움 때문에 자신들이 지지하던 정당 및 후보들의 입장과는 전혀 다른 정책적 입장을 집단적으로 표명하는 데까지 이른 것이다.

증오의 정치는 이렇듯 증오의 사회로 확대재생산된다.

'산업화'는 산업화 세력만의 성과인가

산업화 세력은 새누리당과 대기업, 관료 엘리트 등 오랫동안 한국사회를 이끌고 있는 세력이다. 이들은 한국의 경제발전이 박정희 전 대통령의 집권기로부터 시작됐다고 믿는다. 경제발전을 위해 독재는 불가피했다고 설파하기도 한다. 또한 이들 중 일부는 민주화운동을 벌이던 세력을 적으로 돌리고 좌파로 몰아붙이며 종북세력이라 비난하기도 한다.

　정책적으로는 성장을 중시하고 대북 강경책을 주장하며 미국과 일본 중심의 외교를 원한다. 하지만 일관되지는 않다. 박근혜 대통령은 2012년 대통령 선거에서 경제민주화와 복지를 주요 공약으로 내걸었다. 북한에 대해 유화책을 펼치겠다며 한반도 신뢰 프로세스를 도입하겠다고 했고, 외교에서는 중국의 중요성을 강조했다. 어찌 보면 과거 산업화 세력이 좌파와 종북세력의 주장이라 비판하던 내용을 상당 부분 끌어안았는데, 놀랍게도 산업화 세력은 박근혜 후보에게 열광적 지지를 보냈다.

　나라의 미래를 놓고 논쟁을 하자면 여러 중요한 이슈가 있다. 국가가 더 많은 복지서비스를 제공하는 시스템을 지향할지 아니면 개인이 더 많이 책임지는 방향으로 시스템을 설계할지도 중요한 이슈다. 대기업이 더 많은 부가가치를 내며 일자리를 만들도록 유도할지 아니면 중소기업과 자영업이 튼튼해지도록 지원하고 보강할지도 논쟁거리다. 국토를 가능한 한 많이 개발할지, 가급적 환경을 보존하면서 살아갈지도 토론해볼 만하다. 이 각각의 이슈에서 입장을 정하는 것이 정치인이 할 일이고, 그 조합을 자신의 입장과 맞춰보고 선택하는 것이 유권자가 할 일이다.

그런데 2012년 대선에서 산업화 세력은 이런 토론과 선택에 관심이 있었을까? 사실 많은 이들에게 이 나라를 미래에 어떤 방향으로 끌고 나가느냐는 그리 중요하지 않았던 것 같다. 미래가 중요한 게 아니라 과거에 대한 해석을 누가 하느냐가 중요했다. 이 나라를 민주화 세력에게 맡길 수 없다는 생각, '좌파이고 종북이고 철없고 이상주의적이라 현실을 이해하지 못하고 구호만 외치는', 그리고 결정적으로는 과거 산업화 세력을 반대하고 모욕했던, 그런 사람들이 정권을 잡게 둘 수 없다는 생각이 강했을 것이다. 그들을 이겨야 한다는 생각 아래 경제민주화든 복지든 평화든 뭐든 받아들일 수 있다는 합의가 형성됐을 것이다.

만일 민주화 세력이 없었다면, 과거 독재정권에 저항하며 민주화를 얻어낸 이들이 없었다면, 산업화 세력이 이렇게 똘똘 뭉칠 수 있었을까? 종북좌파라고 비난할 대상이 없었다면 쉽지 않았을 것이다. 정책 비전이 똑같지 않은 이들이 뭉치기에 가장 쉬운 방법은 공동의 적을 찾아내는 것이다.

사실 산업화는 당연히 필요한 일이었다. 경제발전을 빼놓고는 한국이 좀 더 살 만한 사회가 됐다고 말하기 어렵다. 그리고 그 경제발전에서 가장 중요한 것은 주요 산업의 발전과 시장의 확대였다.

산업화의 원동력이라 할 수 있는 주요 기간산업이 박정희 전 대통령 집권기에 토대를 갖추었다고는 말할 수 있다. 경제개발 5개년 계획을 세웠고, 포스코(당시 포항제철)가 출범했으며, 수출제조업이 집중 육성됐다. 하지만 이 모두를 인정하더라도, 산업화의 중요한 다음 단계인 시장 확대는 상당 부분 김대중 전 대통령과 노무현 전 대통령 집권기에 이루어졌다.

대기업의 오너와 대기업이 다르다고 공식화한 것은 IMF 구제금융 직후인 1998년의 재벌개혁 때였다. 이전까지 한국에서 재벌총수는 기업과 동일시됐다. 대주주가 기업의 돈을 마음대로 가져다 쓸 수 있다고 생각했다. 재벌개혁의 핵심은 그 고리를 끊는 것이었다. 대주주는 기업을 완전히 소유한 게 아니라 자신의 지분만큼 권한을 행사할 뿐이며, 기업의 돈을 모두 가져다 쓸 수 있는 게 아니라 정해진 배당금과 이사로서 받는 보수만 가져갈 수 있다는 점을 명확히 한 개혁이었다. 기업과 기업의 주주 그리고 경영자 개인을 구분하는 것은 자본주의 시장경제 확대에 필수적 장치다.

국가가 대규모 투자를 통해 일으켜야 했던 주요 기간산업뿐 아니라 인터넷과 같은 첨단기술로 무장한 벤처기업이 나라 경제의 한 축이 될 수 있다는 아이디어를 처음 구현한 것도 김대중 전 대통령 집권기였다. 당시 정부는 벤처기업 지원 정책을 적극 펼쳤고 코스닥시장을 키워 벤처기업에 자금조달 통로를 마련해줬다. 미국같이 시장화가 많이 이뤄진 나라에서 흔히 볼 수 있는 시스템이다.

논란을 감수하면서도 한미FTA를 도입한 것은 노무현 전 대통령 집권기였다. 자유무역협정(FTA)은 시장 확대의 결정판이다. 특히 미국과의 협정은 보수적이고 시장주의적인 대통령이라도 엄두를 내기 어려울 정도로 메가톤급 영향력을 갖는 일이었다. 그런데 그 총대를 짊어진 사람은 산업화 세력이 그토록 비난하던 노무현 전 대통령이었다.

새누리당의 전신인 신한국당 소속 대통령이기는 했지만, 민주화운동에 오랫동안 몸담았던 김영삼 전 대통령 집권기에도 시장화는 많이 진전됐다. '세계화'라는 구호 아래 금융시장 개방이 본격화됐고 금융실명제로 거래의 투명성이 높아져 시장 확대의 기반을 다졌다.

이들은 몇 가지 대표 사례일 뿐이다. 더 많은 산업화 정책이 이른바 민주화 세력 집권기에 펼쳐졌다. 그렇다면 우리 사회의 갈등과 대립이 비단 정책 때문만은 아니라는 것이 더 명확해진다. 나와 맞서는 상대편이기 때문에 증오할 뿐 그들이 펼친 구체적 정책이나 국가의 운영방향 때문에 비판하는 것이 아니라는 이야기다. 다시 말해 '산업화'란 특정한 정책 아이디어나 비전이 될 수 없다. 과거를 떠올리며 한 집단 사람들을 뭉치게 하는 신화일 뿐이다. 사실 산업화 세력에게 '산업화'는 의미가 없다. '세력'만이 의미 있을 뿐이다.

'민주화'만으로 모든 걸 해결할 수 있나

윤여준 전 환경부 장관이 2012년 대통령 선거 막바지에 문재인 후보 지지를 호소한 15분짜리 찬조연설은 많은 사람들의 심금을 울렸다. '합리적 보수주의자'를 자처하는 윤 장관은 문재인 후보가 민주주의를 제대로 실천하고 통합적 리더십을 보여줄 사람이라는 내용으로 감동적인 연설을 풀어놓았다. 그런데 이런 이야기도 있었다.

　"우리가 건국 이후 이룬 성과는 크게 두 가지지요. 산업화와 민주화입니다. 정말 자랑할 만한 성과지요. 그런데 저는 이 두 가지에 기여한 바가 별로 없습니다. 특히 민주화에서는 민주화 세력의 반대 진영에 속해 있던 사람입니다. 그러면서도 민주화의 혜택은 누구 못지않게 누린 사람입니다. 그러니까 저

는 우리나라의 민주주의에 빚진 사람인 셈이죠. 그런 미안함
과 부채의식이 마음 한편에 늘 있어왔습니다.”

역시나 겸손하고 진심 어린 이야기다. 그 연설을 들으며 나
도 민주화를 이만큼 진전시킨 분들에게 고마움과 미안함을
느꼈다. 그런데 바로 그 장면이, 2012년 대통령 선거가 민주화
세력 또는 민주화 세력을 지지하는 사람들에게 과거 회고적
인 선거였음을 보여준다.

민주화 세력이란 주로 1970년대 이후 독재정권에 저항하면
서 정치적 민주주의를 한국에 도입하는 데 기여한 사람들을
말한다. 그들 중 다수가 투옥되고 고문당하고 의문의 죽음을
당하기도 했다. 그들 중 상당수는 민주화운동에 나서지 않았
더라면 편안한 삶을 살 수 있을 만큼 지적 수준과 학력이 높은
사람들이었다.

이들의 싸움이 결실을 맺은 것은 1987년이었다. 군사쿠데타
로 집권한 전두환 전 대통령이 개헌을 하지 않고 재집권하겠
다는 뜻을 비치자 수많은 이들이 거리로 뛰쳐나와 반대시위
를 벌였다. 결국 정부는 개헌을 받아들였으며 대통령직선제
가 도입됐다. 형식적 민주주의가 자리 잡기 시작한 시기다. 민
주화운동을 하던 이들 중 많은 사람들이 이후 노동운동과 시
민운동에 투신했고, 어떤 이들은 정치에 몸담았다. 정치에 몸
담은 그들에 의해 민주화 세력이 형성된 것이다.

윤 장관의 이야기가 맞다. 민주화 세력은 자신을 희생해 민주주의를 진전시켰다. 우리들 대다수는 그 희생에 무임승차했다. 미래 비전이 아니라 '정권심판', '정권교체'가 선거의 슬로건이 된 것은 그 때문이다. 빚진 느낌을 갖는 사람이 많았다. 그렇게 자신을 희생했던 사람들이 아니라 그들을 탄압하던 세력이 정권을 계속 잡는다는 사실을 정서적으로 받아들이기 어려웠다. 무엇보다도 2012년 대선은 박정희 전 대통령의 딸이 후보로 나선 선거였다. 이 선거에서만은 민주주의를 위해 희생한 이들을 도저히 외면할 수 없었다. 민주화 세력을 심정적으로 성원하고 빚진 느낌을 가졌던 이들 대다수의 정서는 이랬을 것이다.

문제는 바로 이런 정서가 선거를, 과거를 놓고 벌이는 전쟁으로 만들고 말았다는 것이다. '우리는 정의롭고 상대방은 부정의하다'는 생각에서 출발한다면 그것은 정책 아이디어와 미래 비전을 놓고 토론하는 정치가 될 수 없다. 많은 중요한 의제가 정의와 부정의의 틀 속에 갇혀버리기 때문이다. 상대방을 이길 수 있다면 미래 비전과 상관없이 누구와도 손잡을 수 있는 상황이 되어버린다. 가장 큰 문제는 유권자가 이를 용인하거나 부추기는 듯 보였다는 것이다.

1987년 이후 대통령 선거와 전국 단위 선거에서 곧잘 떠오르는 '후보 단일화' 논의는 이런 논리의 연장선에 있다. 하지만 2012년 대선에서는 그 어느 때보다도 후보 단일화 압박이 컸고 대립도 심했다. 또한 여느 때와 달리 단일화 압박을 받은 모든 야권 후보가 사퇴하고 문재인 후보를 지지했다. 민주화 이후 처음으로 사실상 양자대결 대선이 됐다. 51 대 49의 구도가 완성된 것이다.

1987년에는 전두환 전임 대통령이 소속된 민주정의당 소속 노태우 후보가 출마했다. 대구경북 지역이 주요 기반이었다. 야당에서는 부산경남 지역을 주요 기반으로 하는 김영삼 통일민주당 후보, 호남을 주요 기반으로 하는 김대중 평화민주당 후보, 충청권을 지역 기반으로 하는 김종필 신민주공화당 후보가 출마했다. 민중 후보 백기완 씨도 출마했다.

민주화 이후 첫 대통령 직접선거이던 당시에도 전두환 정권의 연장선상에 있는 여당을 이기기 위해 야당 후보를 단일화해야 한다는 논의가 일었다. 김영삼, 김대중, 백기완 후보에게 압박이 가중됐다. 결국 백기완 씨는 사퇴하고 말았다. 하지만 김영삼 후보와 김대중 후보는 완주했으며, 결국 노태우 후보가 36퍼센트의 지지를 받으며 대통령에 당선된다.

1990년 노태우 대통령이 이끌던 민주정의당과 김영삼·김종필 총재가 이끌던 정당이 '민주자유당(민자당)'이라는 이름으로 합당하는 이른바 '3당 합당'이 일어난다. 그 후 현실정치의 무게중심은 완전히 산업화 세력에게로 기울고 김영삼 민자당 후보가 1992년에 대통령으로 당선된다. 당시 주요 후보는 김영삼, 김대중, 정주영 후보였는데, 현대그룹 회장으로 보수적 성향을 띠는 정주영 후보가 17퍼센트나 득표했는데도 김영삼 후보는 41퍼센트를 득표해 33퍼센트를 얻은 김대중 후보를 따돌리고 당선된다. 따져보자면 산업화 세력이 민주화 세력의 두 배 가까이 지지를 얻었던 셈이다.

1997년은 김대중 대통령이 당선된 해다. 당시 김대중 후보는 보수 성향의 김종필 후보와 연합해 40퍼센트의 지지를 얻었다. 이회창 한나라당 후보는 39퍼센트를 득표했고, 역시 한나라당 출신인 이인제 후보가 독자 출마해 19퍼센트를 득표했다. 김대중 후보가 당선되기는 했지만, 이회창·이인제·김종필 세 사람의 지지율을 합치면 그쪽이 월등히 높았다. 여전히 산업화 세력이 앞섰던 것이다.

2002년에는 노무현 대통령이 당선됐는데, 49퍼센트 지지를 얻어 47퍼센트를 얻은 이회창 후보를 따돌렸다. 사실상 이때가 되어서야 51 대 49의 구도가 생겨났다고 할 수 있다. 그런데 노무현 대통령은 대선 기간에 정몽준 후보와의 단일화를 이끌어냈다. 이후 정몽준 후보가 대선 전날 지지를 철회하긴 했지만, 노무현 대통령은 후보 단일화의 덕을 본 셈이다. 그런데 정몽준 후보는 아무래도 민주화보다는 산업화 세력의 지지를 받는 인물이라 할 수 있다. 3.9퍼센트를 득표한 권영길 후보의 지지를 합치더라도, 여전히 산업화 세력이 우세한 상황이었음을 알 수 있다.

2007년 대선은 말할 것도 없다. 당선된 이명박 대통령이 얻은 49퍼센트 지지에다, 완주한 이회창 후보의 15퍼센트까지 더하면 64퍼센트가 산업화 세력을 지지한 셈이다.

역설적이지만, 명실상부하게 51 대 49의 구도가 된 2012년 대선은 1987년 이후 민주화 세력이 가장 선전한 선거였다고 할 수 있다. 뒤집어 말하면 민주화 세력이 모을 수 있는 가장 많은 지지자를 모은 선거였다는 것이다. 민주화 세력 입장에서는 결코 실패라고 할 수 없는 선거였지만, 결과는 패배였다. 민주화 세력이 더 큰 심리적 충격을 받은 것은 이런 결과 탓이다. 아주 잘했지만 결과는 패배였다는 점도 충격적이고, 산업화 세력에 반대하는 사람들을 몽땅 모아도 국민의 50퍼센트가 되지 않는다는 사실도 충격이었을 것이다.

과거회고적 선거에서 비전과 정책 아이디어는 뒷전이 되기 마련이다. 이 선거에서는 안철수 무소속 후보나 심상정 진보정의당 후보나 이정희 통합진보당 후보가 사퇴하면서 문재인 후보를 지지했다. 하지만 이들의 양보와 지지가 미래의 한국에 어떤 영향을 줄지는 관심거리가 아니었다. 사람들은 단지 이들의 행동이 정치공학적으로 지지율에 어떤 영향을 미칠 것인가에만 눈길을 줬다.

산업화 세력에 대한 증오는 '민주화'라는 용어에 대한 집착으로도 나타난다. 국민 대부분은 형식적 민주주의가 이미 달성됐다고 믿는다. 나쁜 정치세력은 선거를 통해 바꿀 수 있다고 생각한다. 하지만 민주화 세력은 가장 중요한 정책과제는 민주화라고 외치며 집착한다. 여전히 수십 년 전의 독재와 맞서 싸우는 형국이다.

'민주화'라는 용어의 중독성은 크다. 워낙 많은 사람의 희생을 통해 달성한 것이고, 여전히 많은 사람이 빚진 심정을 품게 만드는 용어이기 때문이다. 하지만 그것이 곧바로 대한민국의 미래과제는 아니다.

민주화 세력이 2012년 대선에서 주요 정책으로 내놓은, 그리고 결국 산업화 세력도 물려받아 사용한 '경제민주화'라는 용어를 보면 이런 중독성의 일면을 볼 수 있다. 경제민주화는 하나의 의미로만 해석되는 용어가 아니다.

먼저 떠오르는 것은 재벌의 특권을 없애는 것이다. 민주주의의 요체는 모든 사람이 평등하다는 것이다. 이를 기반으로 사람들은 자신의 권리를 행사하고 책임을 진다. 그런데 돈이 많다는 이유로 특권을 얻게 된다면 이는 민주주의를 파괴하는 행위다. 따라서 특권을 없애는 재벌개혁이 경제민주화라는 이야기다.

또한 경제민주화는 공정한 시장질서를 의미하기도 한다.

이는 특권을 없애는 데서 한 걸음 더 나아가, 중소기업이나 자영업자가 제품과 서비스의 경쟁력으로 승부하면서 대기업과도 공정하게 거래할 수 있도록 시장환경을 조성해주는 것이다. 조금 더 나아가 전통시장의 상인과 자영업자들이 최소한의 사업활동을 할 수 있도록 대형마트 영업을 규제하는 것도 경제민주화에 포함된다. 이는 공정한 시장을 중시하는 데서 더 나아가 시장의 약자를 보호하는 조처를 취해야 함을 뜻한다. 그런데 여기서도 한발 더 나아가 노동의 민주화를 거론하는 전문가도 있다. 노동자가 좀 더 정당한 대우를 받는 사회를 만드는 것까지 경제민주화에 포함된다는 것이다.

사실 이러한 것들은 꼭 '민주화'라는 용어가 아니더라도 '정의'나 '공평' 혹은 '평등'이라는 보편적 가치로 설명할 수 있다. 그럼에도 굳이 경제'민주화'라고 부르는 것은 여전히 반민주 세력과 맞서는 구도를 상정하고 있어서다.

내용에 상관없이 반민주 세력 또는 반산업화 세력과 맞서 싸울 사람들이 모두 모여 한편이 되어야 한다는 압박감, 그것이 오히려 정책의 차별성을 없앴다. 양쪽 세력 모두 자기편 내의 차이를 토론하지 않았고, 상대편과의 차이는 드러내지 않았다. 날것 그대로의 증오와 조롱만 상대편을 향해 던질 뿐이었다.

산업화 세력과 민주화 세력은 50여 년 동안 한국사회의 주도권을 놓고 싸웠지만, 증오의 정치라는 관점에서 보자면 싸우면서 서로 닮아가고 있는지 모른다.

2퍼센트를 얻기 위한 전쟁

51 대 49의 시대는 선거에서 잘못된 싸움을 부추긴다. 제대로 된 정책이 토론되고 집행될 수 없는 상황을 자꾸 만드는 것이다.

정치세력 사이의 증오 자체는 개인의 문제이거나 정치에 관심이 많은 사람들끼리의 문제일 수 있다. 하지만 증오가 국가정책의 향방에 영향을 미친다면 이는 사회 전체의 문제가 된다. 정치에 무관심하고 선거 때만 유권자로서 권리를 행사하던 사람들까지 상시적으로 영향을 받게 되는 것이다.

51 대 49의 정치구도일 때 양 정치세력은 중간의 2퍼센트만 잡으면 이길 수 있다는 생각에 사로잡힌다. 물론 절반가량의 기존 지지는 무조건 유지해야 한다. 그러다보니 늘 이런 질문을 던진다.

"어떻게 하면 절반가량의 기존 지지자들을 지키면서 중간에 있는 2퍼센트의 마음을 추가로 얻을 것인가?"

이런 질문을 갖고는 새로운 사회를 만들겠다는 생각을 전면에 내세우기가 어려워진다. 절반에 이르는 지지를 유지하되 조금만 더 세력을 확장하면 권력을 잡을 수 있으니 실험적인 생각이나 혁신적인 정책 아이디어를 내놓기 어려워지는 것이다.

가능하면 사람들이 원하는 것, 특히 즉석에서 문제를 해결해줄 수 있는 선심성 지역개발 공약 같은 데 신경을 쓰게 된다. 이런 싸움에서 정책이란 미래 사회의 틀을 짜는 아이디어가 아닌, 말초적 욕망을 채워주는 도구로 전락하고 만다. 조금 부족한 그 2퍼센트를 채우려는 유혹에 빠지기가 쉽기 때문이다.

그러다보니 삶과 사회에 대한 근본적인 성찰은 찾아보기 어렵다. 사회문제를 해결할 새로운 솔루션은 늘 후순위로 밀린다. 사회를 변화시키려는 아이디어 경쟁은 이뤄지지 못한다. 결국 정치는 미래가 아니라 과거를 놓고 싸우는 꼴이 된다. 이런 상황에서는 사회변화의 에너지가 정치를 좌우하는 요인이 되기 어렵다.

사실 특정한 미래 사회의 가치와 비전에 50퍼센트 이상의 국민이 동의하도록 만들려면 오랜 시간과 노력이 필요하다. 가치와 비전은 설득과정이 지난하기 때문이다. 이러한 논의는 49퍼센트로부터 지지를 받는 세력의 입장에서 보면 2퍼센트 더 얻으려다 기존의 49퍼센트 중 일부를 놓칠 수도 있는 선택이다.

그래서 좀 더 간단하게 쓰이는 방법이 바로 '먹고사니즘' 욕망을 자극하는 것이다. 더욱이 욕망은 비전보다는 훨씬 보편적이다. 이해하기도 쉽고 설득하기도 쉽다. '현실론' 앞에서 버틸 장사는 없다. 진보든 보수든 마찬가지다. 대통령 선거에서 선심성 지역개발 공약이 난무하는 데는 이런 메커니즘이 작동한다. 인간의 마음속에는 수많은 욕망의 조각이 있는데, 하필 이 가운데 '먹고사니즘'과 관련된 욕망을 자극하는 방식으로 작동하는 게 51 대 49로 양극화된 정치구도인 것이다.

사실 이 '먹고사니즘'은 이미 우리 사회를 지배하는 이데올로기가 되어가고 있는 판국이다. "부자 되세요"라는 말이 광고 카피로, 새해 덕담으로, 술자리 건배사로 애용되는 게 요즘의 세태다. 흔히 이런 생각은 사회경험이 많아 닳고 닳은 기성세대의 전유물로 여겨지는데, 최근의 조사를 보면 그렇지도 않다. 오히려 젊은 세대가 '먹고사니즘' 이데올로기에 더 많이 사로잡혀 있다. 우리 사회 전반에 더욱더 깊이 뿌리내리고 있는 것이다.

2013년 1월 한국투명성기구는 '청렴성 조사' 결과를 발표했다. 2012년 7월부터 넉 달 동안 15~30세 1,031명과 31세 이상 981명을 대상으로 한 조사다. 이 조사에서 "부자가 되는 것과 정직하게 사는 것 중 어느 것이 더 중요한가"라는 질문을 던졌는데, 15~30세의 40.1퍼센트가 부자를 택했다. 31세 이상은 30.1퍼센트가 부자를 택했다. 젊은층의 부자 선호가 두드러졌다.

“‘거짓말을 하거나 부패를 저지르는 사람’과 ‘그러지 않는 사람’ 중 누가 더 성공하겠느냐”라는 질문에 대해서는 15~30세의 51.9퍼센트, 31세 이상의 40.7퍼센트가 전자를 꼽았다. “삼촌의 친구를 통해 좋은 회사(학교)에 들어갈 수 있다면 어떻게 하겠는가”라는 질문에 대해서도 15~30세의 절반이 넘는 54.0퍼센트가 “응하겠다”고 답했다. 31세 이상은 48.9퍼센트가 “응하겠다”고 답변했다. 15~30세가 그 위의 기성세대보다도 더 ‘먹고사니즘’에 사로잡혀 있다는 결론이 나올 만하다.

그런데 놀랍게도 이 세대에서는 상대적으로 민주화 세력에 대한 지지도가 매우 높게 나타난다. 2012년 대선에서도 문재인 후보나 중도사퇴한 안철수 후보에게 압도적 지지를 보낸 세대다. 진영을 막론하고 ‘먹고사니즘’이 엄청난 힘을 갖는 이데올로기로 작동한다는 사실을 짐작할 수 있다. 51 대 49의 정치적 양극화 구조 아래서는 이 문제를 극복하기가 어렵다.

민주화 세력은 2012년 대선에서 모든 것을 동원해 싸웠지만 결과적으로 산업화 세력에 패배했다. 수많은 새로운 가치를 이야기했지만 어느 것도 두드러지게 새롭지 않았고 먹고사는 일에 대한 불안은 더욱 부각됐다. 불안은 현재에 대한 불만을 비롯한 다른 모든 가치를 희석시켰고, 결국 불안한 유권자들은 산업화 세력을 선택했다. 어떤 이념도 ‘먹고사니즘’을 이길 수 없었던 것이다. 정치는 본디 사회로부터 나왔고 정치가 바뛰려면 사회가 바뀌어야 한다는 사실만 재확인해준 셈이다.

벌어먹고 사는 일에만 가치를 부여하는 사회에서는 벌어먹고 사는 일에만 가치를 부여하는 정치가 나올 수밖에 없다. 우리 일상을 지배하는 이념이 '먹고사니즘'이라면 정치이념도 거기에 수렴할 수밖에 없다.

선거기간 동안 후보들은 정치를 바꿔 삶을 바꾸겠다고 말했다. 많은 사람이 그 말을 믿고 지지했다. 하지만 근본적으로 말하자면 삶이 바뀌지 않으면, 즉 사회가 바뀌지 않으면 정치도 바뀌기 어렵다. 정치혁신을 원한다면 사회혁신을 함께 고민해야 한다.

생각의 근본주의, 실천의 점진주의

근본주의(radicalism)는 사회문제 해결을 추구할 때 궁극적이고 근본적인 해결책을 모색하는 사회디자인 방법이다. 단기적인 문제를 해결하는 것보다는 장기적이고 지속적인 성과를 추구하는 방법이다. 문제의 표피적 해결보다는 뿌리를 뽑아내는 과감한 해결을 지향하는 방법론이다.

점진주의(incrementalism)란 가장 이성적인 결정이 아니라 가장 알맞은 결정을 지향하는 사회디자인 방법이다. 즉 여러 이해관계자들의 의견을 반영하고 다양한 분야에 미치는 영향을 고려하면서 충분한 시간을 가지고 변화를 추구하는 것이다. 또한 다양한 경로가 있을 수 있다는 사실을 인정하면서 한 가지 경로에서 실패하면 다른 경로로 목표를 추진하는 방법이다.

정치적 양극화 구조 아래서 각 정치세력이 내세우는 목표는 아무래도 현실주의적이기 쉽다. 아예 생각(이념) 자체를 꺼내놓지 않는 경우도 많다. 가능하면 모두의 입맛에 맞는 이야기만 해야 하므로 자칫 근본주의적 생각을 내놓았다가는 인기가 떨어질 수 있다. 그런 반면 이런 목표를 달성하는 방법은 매우 근본주의적이고 급진적이며 공격적인 경우가 의외로 많다. 더욱이 그 방법에 반대하면 정의롭지 않다는 식의 주장까지 난무한다. 그래야 눈길을 끌기 쉽고 상대방을 증오하고 비난하기가 쉽기 때문이다.

한 가지 예를 들자면, 경제민주화 정책은 전통시장 상인들을 대형마트로부터 보호하는 일로 쉽게 요약돼버린다. 이 정책이 우리 삶에 궁극적으로 어떤 영향을 미치는지, 우리가 어떤 삶을 살고자 이런 논의를 하는지 이야기하는 경우는 별로 없다. 근본주의적 목표가 없다는 이야기다. 단지 전통시장 상인들의 수입을 늘려주겠다는, 매우 현실적이고 즉자적인 목표만 있다. 이 문제를 푸는 방법 역시 '대형마트 의무 휴무일 확대'로 단순화된다. 그리고 이 방법을 지지하지 않으면 경제민주화를 반대하는 사람으로 치부된다. 매우 근본주의적 실천방법이다. 점진주의적 생각을 근본주의적 실천으로 구현하는 모양새다.

하지만 정작 우리에게 필요한 태도는 정확히 거꾸로다. 목표는 근본주의적으로 세워야 한다. 근본적으로 우리 삶을 성찰해서, 궁극적으로 우리가 지향하는 사회가 무엇인지를 찾아내야 한다. 거기에 근거해 목표를 세워야 한다. 반대로 그 목표를 실현하는 방법은 점진주의적이어야 한다. 외부환경은 수시로 변한다. 모든 실험에는 실패가 따르기 마련이다. 따라서 단 한 가지 방법만이 문제를 해결해주리라는 기대는 버리는 게 옳다. 어떤 방법이든 일단 점진적으로 시도해보고, 성과가 나타나면 좀 더 시도해보고, 실패하면 한 걸음 물러나 다시 방법을 연구하는 실용적인 태도가 필요하다.

그렇다면 지금 한국정치가 던져야 할 올바른 질문은 무엇일까? 바로 이런 게 아닐까?

"우리는 다음 세대에게 어떤 사회를 물려줄 것인가? 궁극적으로 그런 사회를 만들려면 지금 우리는 어떻게 살아야 하며, 그런 삶을 사는 데 필요한 법과 제도와 문화는 어떤 것일까?"

생각의 근본주의, 실천의 점진주의는 이런 올바른 질문을 던짐으로써만 가능하다. 이 질문으로부터 한국사회가 민주화와 산업화 이후 어떤 새로운 과제를 설정해야 하는지도 찾아낼 수 있을 것이다. 하지만 과연 우리 사회와 우리 정치는 이런 질문을 던질 수 있을까? 쉬운 일은 아니다. 이런 질문을 제대로 던지려면 우선 삶에 대한 꼼꼼한 관찰과 진지한 성찰이 필요하기 때문이다. 한마디로 말해 매우 높은 성숙도가 요구된다.

그 가능성을 탐지하기 위해, 먼저 우리의 고민거리인 '먹고 사니즘'에 대한 성찰부터 시작해보자.

2장

'먹고사니즘'
탈출하기

사회문제 해결에 관한 대화를 나눌 때면 먹고사는 문제가 우선 해결되어야 그런 것도 생각해볼 수 있는 것 아니냐는 이야기를 자주 듣게 된다. 지금 당장은 단기적으로 소득을 높이는 데 집중해야 할 때라 근본적 변화를 모색하기에는 너무 여유가 없다는 말이었다. 새로운 사회적 과제가 당장 벌어먹고 살아야 한다는 '먹고사니즘' 앞에서 힘을 잃고 마는 순간이다.

이런 '먹고사니즘' 담론은 아마 하루 벌어 하루 먹던 과거 삶의 방식에서 처음 나온 이야기일 것이다. 그런데 요즘에는 이 담론도 덩치를 키웠다. 연간 매출이 100조~200조 원이나 되는 기업과 산업을 염려하는 것으로 한 발짝 진화했다. 예를 들면 "환율 때문에 삼성전자, 현대자동차도 어려운데" 어떻게 다른 걱정을 할 수 있느냐는 식이다. 삼성전자의 2012년 매출은 201조 원이고, 현대자동차의 매출은 84조 원이었다. 조금 심한 경우에는 신수종(新樹種) 사업까지 걱정이 이어진다. 10년 뒤에는 지금 잘나가는 산업이 모두 사양산업이 될 텐데, 그때 뭘 먹고살지 걱정하기도 바쁘다는 식이다. 그러니 다른 사회적 과제에는 신경 쓸 틈이 없을 수밖에 없다.

나는 이런 이데올로기와 맞닥뜨릴 때마다 고개를 갸우뚱한다. 전체적으로 한국사회는 산업화에 성공했다고 판단하는 게 맞다. 1인당 국민소득이 50여 년 동안 수십 배 늘어났고, 1차 산업 이외에는 산업이라고는 찾아보기 어렵던 나라에서 전자·자동차·철강 등 주요 제조업 분야에서 글로벌 기업을 갖춘 나라로 성장했다. 이런 나라에서 여전히 먹고살 걱정만 하고 있는 것은 좀 이상하다. 민주화를 이미 달성했지만 여전히 민주화가 가장 중요한 과제라고 말하는 것과 비슷한 논법으로 들린다.

산업화 과제는 거의 해결됐는데, 여전히 산업화가 문제인가? 내일의 벌이가 문제이던 시절의 걱정이 200조 원짜리 기업이 나타난 지금도 여전히 남아 있으니 대체 이 걱정은 언제 끝날 것인가? 언제쯤이면 먹고사는 문제가 해결되어 다른 문제를 생각할 수 있게 된다는 말인가?

우리는 왜 여전히 불행한가

사실은 산업화 과제가 모두 달성되었지만, 우리에게 채워지지 않는 어떤 종류의 허기가 남아 있다는 판단이 더 합리적이다. 1인당 국민소득이 1만 달러를 넘으면 부자나라가 되는 것처럼 이야기하던 때도 있었는데, 지금은 2만 달러를 훌쩍 넘은 상태다. 이제는 소득을 더 높이는 게 문제가 아니라, 소득이외에 다른 어떤 것이 필요한지를 찾아내는 게 과제다. 무엇이 우리를 행복하게 할 수 있는지 우리의 구체적인 삶에 대한 진지한 성찰이 필요한 때인 것이다.

그 '다른 어떤 것'이 바로 새로운 시대의 과제가 되어야 한다. 물론 나라는 산업화되고 민주화되었지만, 그 혜택이 국민 전체에게 고르게 돌아가지는 않았을 것이다. 사회에서 상대적으로 느끼는 자신의 경제적 신분이 30년 전과 다를 바 없거나 더 악화됐을 수도 있다. 한 개인의 소득은 여전히 30년 전과 같을 수도 있다. 그에게는 산업화가 이뤄지지 않은 셈이다. 한 개인이 아무리 선거권을 행사했어도 사회가 별반 달라지지 않았다면 그 개인은 정치에 참여할 길이 전혀 없다고 느낄 수 있다. 그에게 민주화는 없었던 셈이다. 이런 이들에게는 여전히 '먹고사니즘'이 강력한 이데올로기가 될 수 있다.

하지만 여기서 다시 의문이 생긴다. '먹고사니즘'을 충실히 따라 개인의 소득이 높아지더라도, 결국 이 질문은 사라지지 않을 것이다. "소득은 늘었는데 왜 여전히 불행할까?"

문제를 근본적으로 다시 생각해봐야 한다. 1인당 월평균 20만 원을 벌던 사회에서 월평균 200만 원을 버는 사회로 바뀌었는데도 여전히 불행한 이유는 무엇일까? 아직도 뭔가 부족한 것일까, 아니면 뭔가 지나치고 넘치는 것일까? 우리가 정말 원하는 삶이 어떤 것인지를 정의하고 나서야 지금 무엇을 바꿔야 더욱 행복해질지 알아낼 수 있을 것이다. 그 삶이 좀 멀리 있더라도 궁극적인 목표를 알고 나면 당장의 실천에도 힘이 실린다.

2장에서는 우리의 삶을 '먹고사니즘'이라는 현재의 지배적 이데올로기를 중심으로 살펴보려 한다. 그리고 3장에서는 우리 삶이 어디를 지향하는 게 옳은지 정리해보고, 현실과 지향점 사이의 간극을 찾아볼 것이다. 그런 다음에야, 우리 사회 전체가 목표에 다가서기 위해 해나갈 수 있는 점진적 실천방안을 타진해볼 수 있을 것이다.

대형마트 이야기부터 시작해보자.

두부공장, 대형마트, 사회주의

어릴 적에 두부가 필요하면 걸어서 5분 거리의 동네 구멍가게를 찾았다. 구멍가게 입구에는 그날 만들어진 두부가 커다란 플라스틱 상자 안에 차곡차곡 쌓여 있었다. 그 두부는 걸어서 5분만 더 가면 있는 두부공장에서 만들어졌다. 우리 동네 사람들만 먹는 두부다. 인심 좋게 생긴 두부공장 아저씨는 매일 새벽 두부를 가게로 배달했다.

두부 심부름을 가면 가게 주인아주머니는 두부 한 모를 정확한 크기대로 잘라 봉지에 담아주셨다. 건네야 할 동전을 깜빡 잊고 나온 날도 있었다. 주머니를 뒤지며 난처한 표정을 지으면 "내일 가져와" 하셨다. 그 두부를 가지고 집에 돌아오면 어머니가 곧바로 두부찌개나 두부부침개를 만드셨고 나는 그 반찬으로 아침밥을 먹었다.

지금은 두부가 필요하면 우선 자동차 열쇠를 찾는다. 운 좋은 날이면 20분을 달려 대형마트에 도착한 뒤 10분 동안 주차를 한다. 그러고는 커다란 카트를 밀고 온갖 물건이 잔뜩 쌓인 매장을 휘휘 둘러보며 두부가 어디 있는지 한참 찾는다. 누가 어디서 만들었는지 알 수 없는 두부는 예쁜 색깔의 플라스틱 용기에 한 모씩 잘라 담겨 있다. 전 국민이 먹는 똑같은 두부다. 언제 이곳에 놓였는지는 모르지만 언제까지만 먹으면 안전하다고 표시된 유통기한을 확인한 뒤 두부를 카트에 담는다. 계산대로 가져가면 '삑' 소리와 함께 모니터에 두부 가격이 표시된다. 현금이 없어도 걱정할 필요는 없다. 신용카드로 그으면 되니까.

이 여행을 마치고 집에 돌아와 일주일치 두부를 냉장고에 넣어놓고 조금씩 꺼내 먹는다. 깔끔하게 다 먹는 주도 있지만, 어쩌다 집을 계속 비우기라도 하면 그 주에는 남기기 일쑤다.

나는 지금도 어릴 적 두부 심부름을 하던 그 동네에 산다. 두부공장 근처에 높게 지어진 아파트에 산다. 동네 구멍가게가 사라진 지는 벌써 10년이 훨씬 넘었다. 맷집 좋게 버티던 두부공장도 결국에는 문을 닫았다. 그들이 사라진 자리만큼 대형마트는 우리 삶 속으로 더 들어와 있을 것이다.

대형마트는 이미 우리 삶의 일부가 됐다. 집에서는 휴일이면 "마트 가자" 하는 이야기가 "공원 가자" 하는 이야기처럼 자연스레 흘러나온다. 그러다보니 대형마트 규제 정책도 나온다. 대형마트 영업일수와 영업시간 규제, 재래시장 근처 출점을 제한하는 제도다. 동네 가게들이 장사가 되지 않으니 나온 규제인데, 어떤 대형마트 회사 경영자는 이를 두고 "한국경제는 겉은 (시장경제처럼) 파랗지만 속은 (사회주의 경제처럼) 빨간 수박 같다"고 말해 논란을 일으키기도 했다.

한 번쯤 근본적으로 생각해볼 필요가 있다. 내 삶에서 대형마트는 도대체 무엇일까? 이게 없던 시절의 삶은 어떻게 달랐을까? 그 삶은 '사회주의적인 것'이었거나 그보다 더 나쁜 어떤 것이었던가? 한국경제에 또는 나와 우리 가족의 경제에 대형마트란 무엇일까?

한국경제에서 대형마트가 어떻게 성장해왔는지 한번 살펴보자. 한국에 본격적으로 대형마트가 생긴 것은 1993년이었다. 이마트는 그해에 첫 점포를 서울 창동에 냈다. 그리고 그 대형마트는 2000년 전국 171개로 늘었고, 2010년 437개까지 급증했다. 매출액도 기하급수적으로 늘어난다. 2000년 총 10조 6,000억 원이던 대형마트 총매출은 2011년 36조 6,000억 원까지 늘어났다. 1위인 이마트의 매출은 10조 9,390억 원(2012), 2위인 홈플러스는 9조 9,301억 원(2011)이 됐다.

10조 원이면 얼마나 큰돈일까? 나라 예산에 빗대보자. 보통 대통령이 마음먹고 전략적으로 투입할 수 있는 연간 예산이 10조 원 정도라고 한다. 중앙정부 1년 예산 총액이 326조 원인데 이 가운데 용도가 경직적이지 않아 작심하고 투입할 수 있는 액수가 그 정도라는 이야기다. 이를 넘어서면 무리가 생긴다. 10조 원은 그 정도 규모의 돈이다.

소매업 전체에서 대형마트가 차지하는 비중도 당연히 크게 늘어났다. 과거 구멍가게나 슈퍼마켓은 개인 자영업자가 운영하는 게 일반적이었다. 대형마트가 들어서면서 기업이 본격적으로 소매업에 진출하게 됐다. 1996년 소매업에서 기업이 일으킨 매출은 전체 소매업 매출의 29퍼센트였다. 그런데 2005년에는 이 수치가 42퍼센트까지 올라간다.

이렇게 커지다보니 자연스럽게 비판도 터져 나왔다. 우선 수수료율 문제가 있다. 대형소매업체 판매수수료율이 너무 높아 생산자들은 남는 게 없다는 원성이 자자하다. 판매수수료율은 2011년 정부 조사에서도 25~40퍼센트에 이르는 것으로 나타났다. 1만 원짜리 물건을 하나 팔 때 대형마트에서 4,000원을 뗀다면 생산자에게 돌아오는 이윤은 사실상 매우 적다.

대형마트는 대량구매를 하기 때문에 규모가 작은 가게들보다 월등히 높은 협상력을 갖는다. 이 협상력을 이용해 지나치게 가격을 낮춘다는 게 비판의 핵심이다. 너무 힘이 세져 문제라는 것이다.

또 비슷한 출발점에서 농산물 생산자의 생태계가 파괴된다는 비판이 있다. 대형마트와 거래하려면 엄청나게 많은 물량을 한꺼번에 공급해야 하기 때문에 중소 규모의 농민들은 감당할 수가 없게 되고, 그래서 소수의 기업형 부농만 살아남는다는 이야기다. 부익부 빈익빈의 생산자 생태계가 조성되고 만다는 것이다.

물론 경쟁에서 밀려나 동네 구멍가게와 슈퍼마켓이 점차

사라지는 현상도 비판의 대상이다. 이렇게 되면 동네 슈퍼마켓 사업주와 점원들의 일자리가 없어지고, 쇼핑을 위해 이동하는 거리가 멀어져 소비자에게 비용이 가중된다.

여기에 하나를 덧붙이자면, 대형마트가 과잉소비를 부추기고 탄소배출을 늘려 환경파괴적이라는 비판도 있다. 대형포장으로 필요 없는 물건을 더 많이 사게 만들고, 초대형매장을 운영함으로써 제품 운송과 소비자 이동 과정에서 엄청난 에너지가 소모된다는 것이다. 이동이 많아지면 자연스레 탄소배출이 늘어난다.

물론 대형마트도 할 말은 있다. 무엇보다 덩치를 키우는 만큼 일자리를 창출한다는 반론이다. 대형마트가 일자리를 늘린다는, 논리적으로 납득하기 매우 어려운 이야기를 이렇게 당당하게 하는 사람들이 많다는 사실에 나는 자주 놀란다.

대형마트가 성장해 경쟁자들이 대거 몰락하면 일자리가 사라진다. 시장경영진흥원의 조사 결과에 따르면 대형마트 3개가 새로 들어서면 전통시장 10개가 문을 닫으며, 대형마트가 창출하는 일자리보다 전통시장에서 없어지는 일자리가 더 많다. 2007년부터 2012년까지 문을 닫은 전통시장만 500개가 넘고 거기에서 생계를 꾸려나가던 상인들은 10만 명이 넘을 것이라는 추산도 있다. 기업형 슈퍼마켓 때문에 문을 닫은 동네 슈퍼마켓의 경우는 포함하지 않은 수치다.

　기업형 슈퍼마켓 자체가 일자리를 크게 늘리지 않는다는 통계도 있다. 1993년에 처음 생긴 대형마트는 2011년 매출이 36조 원 이상으로 늘었다. 당연히 소매업 전체에서 차지하는 비중도 월등히 높아졌다. 이렇게 비중이 늘었으면 그만큼 일자리가 늘어나야 정상이다. 그러나 현실은 그렇지 않다. 2001년부터 2006년까지 기업이 운영하는 소매업체들의 고용이 어떻게 변했는지를 살펴보니 오히려 2퍼센트가 줄었다. 대형마트의 화려한 성장 속에 정작 기업형 유통업의 고용은 준 것이다.

　사실 대형마트의 성장은 유통업 전체로 보면 일자리를 줄일 수밖에 없다. 조금만 논리적으로 생각해봐도 알 수 있다. 대형마트는 생산성을 높인다. 한 장소에서 대규모로 상품을 판매하기 때문에 그렇다. 우리는 흔히 생산을 많이 하면 생산성이 높아진다고 착각한다. 그런데 사실 흔히 쓰이는 '생산성'이라는 용어는 노동생산성을 뜻한다. 일하는 사람 1명당 얼마나 생산하느냐를 계산한 수치다. 유통업에서라면 1인당 매출이나 1인당 판매량 같은 숫자를 생각해볼 수 있겠다. 매출이나 판매량이 비슷한 상황에서 생산성이 높아지면 기업의 비용은 줄고 이익은 늘어나지만 일자리는 줄게 된다. 이를 경영 효율성이 높아졌다고 표현하곤 한다.

　물론 제조업이나 첨단산업의 사정은 다르다. 반도체 기업은 생산성을 높이면서도 고용을 줄이지 않거나 늘릴 수 있다.

국민 전체를 볼 때 신기술 발달로 스마트폰과 컴퓨터와 태블릿PC 사용이 현저히 늘어난다면 말이다. 그런 상황이라면 국내시장에서 신기술 제품에 사용되는 반도체 판매량이 크게 늘어남으로써 생산성이 높아지는 동시에 고용도 늘 수 있다.

그러나 소매업, 특히 식품을 중심으로 한 대형마트의 경우 생산성 향상은 곧 고용 감소로 이어지게 되어 있다. 개별 대형마트에서는 고용이 늘 수 있지만, 소매업 전체를 보면 오히려 준다는 이야기다. 5,000만 인구가 가게에서 사먹는 식품의 양이 스마트폰이나 반도체처럼 기하급수적으로 늘어나기는 어렵다. 많이 늘어봐야 약 0.5퍼센트에 불과한 인구증가율이나 3~4퍼센트에 그치는 경제성장률만큼이다.

그런데 대형마트의 매출은 이보다 훨씬 빨리 늘어났다. 다른 소매업체에서 매출과 판매량이 그만큼 줄었다는 이야기다. 또 대형마트는 생산성을 계속 높였다고 스스로 주장한다. 당연히 소매업 전체 고용은 더욱 줄어들 수밖에 없다.

어떻게 따지든 '대형마트 일자리 창출론'은 말이 안 된다. 그런데도 대형마트 입점 때마다 지역 유지와 관공서 관계자들이 나와서는 요란하게 '일자리 창출 업무 협약식'을 하고, 기업에서는 자랑스럽게 언론에 홍보한다. 기가 막힐 노릇이다.

마트중독자의 사회

대형마트에서는 소비자에게 값싼 제품 등 더 나은 편익을 제공한다는 명분을 제시한다. 대형마트가 제품과 서비스에서 경쟁력이 있다는 주장이다. 동네 슈퍼마켓이나 전통시장에 가면 가격도 비싸고 불친절한데 대형마트를 규제해서 될 일이냐는 이야기다. 소비자 입장에서 시장논리로 판단하자는 것이다. 그러나 이 역시 이성적으로는 생각하면 쉽게 받아들이기 어려운 주장이다.

우선 가격을 보자. 몇몇 조사에서 이미 전통시장의 물건 값이 대형마트보다 싸다는 결과가 나와 있다. 한 가지 예만 들어보자. 중소기업청은 2013년 2월 대형마트와 전통시장에서 장을 봐서 설 상차림을 할 경우 얼마나 드는지 비용을 조사했다. 전통시장 36개와 근처 대형마트 36개를 대상으로 이틀 동안 조사했다. 그랬더니 4인 가족 기준 상차림 비용이 대형마트는 평균 25만 8,484원인 반면, 전통시장은 평균 22만 680원으로 약 15퍼센트 값이 싼 것으로 나타났다. 채소류의 경우 전통시장이 22퍼센트나 쌌고, 과일류와 수산물류와 생육 등 대부분 물품이 전통시장에서 더 저렴했다.

게다가 대형마트는 대부분 자동차를 몰고 가야 하는 거리에 있다. 이동하는 데는 기름 값도 들고 시간도 든다. 실제 가격표에 붙은 것보다 더 많은 비용이 들어간다는 이야기다. 이를 경제학에서는 거래비용이라고 한다.

두부 한 모를 사는 데도 자동차를 몰게 되고, 두부를 사러 갔다가 매장에 있는 냉동피자나 세일 중인 고등어도 사게 되며, 그 쇼핑을 하기 위해 주말 반나절을 보내야 하고, 그 모든 것을 냉장고에 넣어두었다가 일부는 버리면서 또 다른 비용이 발생한다. 이렇게 생기는 비용이 모두 거래비용이고, 이 또한 가격 안에 포함시켜 계산하는 게 맞다. 그러면 대형마트 물건값에 대한 평가는 전혀 새로운 국면이 전개될 것이다.

어떤 물건이든 이런 비용을 다 합치면 소비자가격보다 비싼 가격이 계산될 것이다. 과거 언론에서는 이마트와 같은 대형마트를 '대형할인마트'라고 썼다. 그러나 요즘은 그냥 '대형마트'라 쓴다. 아마도 과거에는 물건의 가격, 특히 대형 묶음포장에 달린 개당 평균가격만 보고 '할인'이라는 표현을 썼을 것이다. 그러나 이 모든 거래비용을 계산하면 가격표에 아무리 낮은 숫자가 쓰였더라도 할인이 아닐 수 있다는 판단을 하게 됐고, 그래서 어느새 그 표현이 사라지고 만 것 아닐까.

여기서 더 나아가 좀 더 근본적인 지적을 해보자. 도식적으로 보면 소비자와 생산자는 대립되는 듯 보인다. 물건 파는 사람은 가능한 한 비싸게 팔려고 하고, 사는 사람은 가능한 한 싸게 사려고 하기 때문이다. 하지만 현실에서 소비자와 생산자는 같은 사람이다. 일하는 사람이라면 누구나 업무시간 중에는 생산자다. 쇼핑하러 갈 때만 소비자다. 지나치게 소비자 중심으로 돌아가는 경제는 생산자의 희생을 요구한다. 문제는 그 경제에서 혜택을 받는 소비자도 결국 생산자라는 것이다. 소비자가 물건을 싸게 사는 것도 중요하지만, 무슨 돈으로 그 물건을 사느냐도 중요하다는 이야기다. 결국 소득이 늘어야만 물건 값이 싼 것도 의미가 있다. 소득이 줄어든다면 물건 값이 오르지 않더라도 이미 손해다.

소비자에게 값싼 물건을 제공한다는 명분은 과잉소비를 부추긴다는 현실 앞에서 힘을 잃는다. 필요 없는 것을 너무 많이 사들이게 만드는 것은 편익을 제공하는 좋은 방법이 아니다. 또 우리의 어린 시절과 비교해보면 소비자는 더 넓은 냉장고를 마련해야 하고 자동차를 더 많이 굴려야 한다. 이런 비용까지 감안하더라도 정말 전체 비용이 감소했는지 따져봐야 한다. 게다가 가격할인이라는 편익을 실제로 소비자가 제공받는다 하더라도 그것이 생산자 생태계와 상권 파괴라는 사회적 편익 감소를 상쇄할 만큼 큰 것인지도 납득하기 어렵다.

모든 사람이 이마트와 홈플러스를 이용하는 사회에서는 모든 사람이 비슷한 제품을 소비하게 된다. 모두가 약속이라도 한 듯 주말이면 자동차를 몰고 나와 카트를 가득 채우고 신용카드를 꺼내 휘두른다. 그리고 냉장고와 벽장에는 못다 사용한 제품이 남아돌아 주기적으로 내다 버려야만 한다. 어떻게 보면 정부의 규제가 사회주의적인 게 아니라 획일적인 소비자를 만드는 대형마트가 더 사회주의적인지도 모른다.

그래도 여전히 한국인들은 대형마트를 찾는다. 대형마트가 일자리를 창출하는 것도 아니고 가격을 할인해주는 것도 아닌데도 주말이면 습관처럼 마트에서 시간을 보낸다. 대형마트는 여전히 일자리 창출을 자랑하고 입점하는 지역의 유지들이 앞장서서 그 점을 칭찬하고 나서기 일쑤다.

왜 그럴까? 이런 사실을 사람들이 정말 몰라서일까?

한국인들은 바보가 아니다. 잠시 내 마음속 욕망을 들여다보고는 나 역시 고개를 끄덕이게 됐다. 분명한 이유가 있었다. 누구도 드러내놓고 말하지 못하는, 우리 마음속 욕망에서 우러난 이유였다.

우선 일자리 문제와 연관해서 이야기해보자. 대형마트 직원들은 유니폼을 입고 일한다. 대부분 대기업 로고가 선명하게 찍힌 유니폼이다. 보수가 얼마든, 고용형태가 정규직이든 비정규직이든, 업무가 고되든 그렇지 않든, 일단 자랑스러운 직장이다. 대기업에 입사한 자식이 일이 힘들다고 푸념하면 부모가 대체로 "회사생활이란 게 마음에 안 드는 점도 많으니 일단 견뎌봐라"라고 이야기하는 것과 같은 심리다. 하루 종일 서 있어야 해도, 보수가 낮아서 불만이 있어도, 일단 최소한의 자존심을 지켜주는 직장인 것이다.

그 대형마트가 들어서면서 문을 닫아야 했을 슈퍼마켓 주인과 점원은 어땠을까? 일단 점원의 경우 아무리 대형마트보다 보수를 더 받는다 해도 그 자부심의 크기는 비할 수 없이 작았을 것이다. 허름한 청바지를 입고 점원과 함께 물건을 나르며 정리하는 주인의 경우도 크게 다르지 않았을 것이다.

또 소비자는 이들을 어떻게 보았을까? 대형마트에서 유니폼을 입고 일하는 이들이 뭔가 좀 더 나은 여건에서 일하는 것 같다는 인상을 받고 이들이 다루는 상품이 더 깨끗할 것 같다는 선입견을 갖지 않을까? 내 자식이 만약 동네 슈퍼마켓 점원으로 일하는 것과 대형마트 점원으로 일하는 것 사이에서 고민한다면, 혹 동네 슈퍼마켓의 보수가 더 높더라도 대형마트 취업을 권하지 않겠는가?

"대형마트가 일자리를 창출한다"는 이야기가 사실이 아님에도 수긍하는 사람이 많은 이유는 우리 마음속에 이런 욕망이 숨어 있어서다. 이 욕망은 집단적으로 내면화되어 있다.

또 다른 측면을 살펴보자. 대형마트는 많은 가정에서 주말의 엔터테인먼트가 되어버렸다. 어린 자녀를 둔 부모에게 주말은 바쁜 때다. 아이와도 함께 시간을 보내야 하고 일주일 동안의 먹거리도 장만해야 한다. 동시에 약간의 휴식도 필요하다. 하지만 시간은 한정되어 있다. 이 모든 것을 한꺼번에 해결하고 싶다는 욕망을 갖는 건 자연스럽다.

대형마트는 이 모든 것을 한꺼번에 해결해준다는 장점이 있다. 가족과 함께 자동차 드라이브를 즐기면서, 여름에는 에어컨, 겨울에는 난방이 확실한 드넓은 장소로 간다. 진열대에 놓인 형형색색의 갖가지 상품을 눈으로 즐기고, 시식코너에서는 입으로 즐기는 사치도 누릴 수 있다. 아이 입장에서도 부모와 함께 자동차를 타고 가서 조금 뛰어놀 수도 있고 먹고 싶던 군것질거리나 갖고 싶던 장난감을 얻어낼 수 있어서 좋다. 부모는 일주일치 먹거리와 가족이 함께 시간을 보냈다는 자족감을 얻을 수 있다. 여름밤이라면 피서효과를 볼 수 있고 겨울밤이라면 따뜻한 산책이 될 수 있겠다. 쇼핑을 즐기는 사람이라면 수많은 상품 사이를 오가며 이것저것 골라 사는 재미도 느낄 수 있다. 그것이 필요한지 아닌지는 그다음 이야기다.

대형마트는 이미 우리 삶의 일부가 된 것이다. 어찌 보면 우리 중 상당수는 가족과의 시간, 아이들에게 줄 선물, 나만의 취미생활 같은 것을 대형마트에 맡겨버렸는지도 모른다. 사실 이들 하나하나는 매우 비경제적 활동에 속하는데, 평일에는 노동에 시달리느라 시간과 에너지가 부족하다는 핑계로 이 모든 것을 통째로 아웃소싱하고 있는 게 바로 한국인의 모습이다. 이런 상황이니 가격이 좀 비싸다거나 환경을 좀 파괴하는 일쯤은 힐끗 넘겨버리게 된다. 한국사회는 대형마트에 사실상 중독된 상태다.

이렇듯 문제는 소비자다. 그런데 이게 간단치 않다. 이들의 욕망을 탓할 수만은 없는 것이다. 소비자도 어려운 상황에서 한 선택이기 때문이다. 바쁜 소비자들은 동네 가게에서 두부와 콩나물을 매일 살 시간이 없다. 맞벌이라면 더욱 그렇다. 많은 가정에서 특히 여성이 가사를 도맡는다. 그러니 자칫하면 대형마트의 편리함을 포기하는 순간 여성의 부담만 커질 수 있다.

여유가 있어야 동네에서 쇼핑도 하고 환경도 생각하며 살 것 아니냐는 반론에 어떻게 대답해야 할까? 또 대형마트가 없다면 많은 가정에서 집안일을 도맡아 하는 여성의 부담이 더 늘어나지 않겠느냐는 질문에 어떤 대답이 가능할까?

기울어진 운동장 바로잡기

이에 대해 1년짜리 답변보다는 10년짜리 답변을 한번 생각해보자. 근본적으로 생각해보자는 것이다. 논리적 답은《정의란 무엇인가》의 저자 마이클 샌델에게서 얻을 수 있을 것 같다.

그는 다른 저서《돈으로 살 수 없는 것들》에서 자본주의와 우리 삶의 관계에 대한 근본적인 성찰의 틀을 제시한다. 샌델은 우리가 "시장경제를 가진(having a market economy) 시대에서 시장사회를 이룬(being a market society) 시대로 휩쓸려왔다"고 썼다. 원래 사회에는 경제 이외에도 다른 여러 요소가 있고 시장은 이 가운데 일부인 경제만을 규율하는 질서였는데, 지금은 사회 전체가 시장원리에 따라 움직이는 방향으로 바뀌고 있다는 점을 비판적으로 지적한 것이다.

샌델식으로 보자면 우리는 대형마트라는 매개물을 통해 삶속에 시장을 깊숙이 들여놓은 셈이다. 가족과의 오붓한 시간이나 주말의 취미생활까지 대형마트에 맡겨버렸으니 말이다.

현실적인 답은 우리가 우리 사회의 미래를 어떻게 설계할지 생각해보면서 찾아볼 수 있겠다. 우선 근본적인 질문을 몇 개 던져보자. 10년 뒤에도 우리는 지금처럼 구매하고 소비하며 살기를 바라는가? 지금 우리의 구매와 소비는 합리적이고 상식적인가? 다음 세대까지 이런 형태가 이어지는 것이 바람직한가? 이 소비행태는 오래 지속될 수 있는가? 대형마트가 상징하는 과잉생산과 과잉소비의 사회를 정말 계속 이어갈 것인가?

사실 우리 경제는 '바쁜' 시기를 지나 보냈다. 경제성장률이 7~8퍼센트일 때 우리는 매우 바빴다. 성장에서 노동의 투입이 매우 중요한 시기였다. 가능하면 많은 노동을 투입해 생산량을 늘리는 게 중요했다. 그러나 지금은 성장률 2~3퍼센트의 시대다. 또 성장에서 노동의 투입이 차지하는 비중이 점점 줄어들고 있다. 양적 투입보다는 혁신이나 신뢰 같은 질적 요소가 성장에 미치는 영향이 더 커졌다.

너무 바빠 시간이 없는 사람들은 이제 노동시간을 줄이고 삶을 조금 더 윤택하게 만들 때가 됐다. 유럽의 선진국들도 과거 고도성장을 할 때는 우리처럼 바쁘게 살았지만 지금은 복지가 늘고 노동시간이 줄었다. 삶이 조금 느슨해지고 소비패턴도 작아지고 느려지는 방향으로 바뀌어갔다. 우리도 '다른 형태의 소비'를 생각해볼 때가 됐다는 이야기다.

국민들이 기업에 원하는 것은 이런 종류의 성찰과 고민이다. 경제민주화 바람이 불고 대형마트 영업시간 제한 정책이 펼쳐진 데는 이런 성찰을 하지 않는 기업에 대해 국민들이 비판적 시각을 갖게 된 탓이 크다. 해결책의 각론을 비판할 수는 있지만, 문제의식 자체를 싸잡아 비난하고 무시하는 태도를 보여서는 소비자의 신뢰를 얻을 수 없다. 대형마트 규제가 '사회주의'라며 비난하는 인식수준으로는 문제를 풀기 어렵다. 그런 인식 탓에 대기업들이 늘 비판에 직면하게 되는 것이다.

그러나 대형마트 문제를 단순히 재래시장 상인들을 어렵게 만든다는 식으로 환원하는 것도 근본적인 사고는 아니다. 경쟁자들이 어려워지는 게 문제라는 인식에서 영업시간 제한 등의 규제가 나온다. 그러나 이런 정책은 즉자적 대응일 뿐이라는 인상을 지울 수 없다. 대형마트 문제는 그저 경쟁 상인들의 문제에 그치지 않는다. 대량소비와 자본주의적 시장거래 같은 요소들이 소비자의 삶 속에 깊숙이 들어온 데 근본적인 문제가 있다. 긴 노동시간과 짧은 휴식시간 그리고 다양하지 못한 여가시간 등의 문제가 겹쳐 있다. 당장 출점을 금지하고 의무휴무일을 지정한다고 해서 대형마트 문제가 풀리지 않는 이유가 여기에 있다.

대형마트 문제는 사실상 현대인이 어떻게 소비하고 어떻게 쇼핑하는가에 관한 문제다. 우리 모두의 생활패턴과 관련된 문제다. 삶의 패러다임 전반을 근본적으로 성찰하는 좋은 계기가 될 수도 있는 문제다. 근본적인 고민이 필요하다. 그러므로 이 모두를 단번에 뜯어고칠 수는 없다. 영업시간 제한 같은 조처는 그야말로 단기적이고 대증적 대책일 뿐이다.

그렇다면 어떤 대안을 찾을 수 있을까? 결국 동네 가게나 생활협동조합 등 공동체형 유통을 키우는 방법이 중장기적 대안이 된다. 먹거리는 집에서 가까운 곳에서 사되 가능하면 조합원으로 직접 가입한 곳, 협동조합처럼 공동체 가치를 실현하고자 노력하는 곳에서 사는 게 현실적인 실천방안이다.

소비자들만 바뀌면 될까? 그렇지 않다. 적절한 규제가 필요하다. 기업의 자유로운 영업활동을 보장해야 한다면서 규제를 반대하는 목소리가 대형마트 쪽에서 나온다. 하지만 이는 문제가 있는 주장이다. 규제란 우리가 정부를 구성해 법과 규칙을 만들며 살아가는 한 어차피 존재하는 것이다. 그게 누구에게 유리하느냐가 이슈가 될 뿐이다. 대형마트 매출은 20년 만에 0원에서 30조 원 이상으로 늘어났고, 매장 수가 1개에서 430개 이상으로 늘었다. 결과만 놓고 봐도 지금의 규제 틀은 대형마트에 훨씬 유리하다는 것을 알 수 있다. 그동안 한국의 사회시스템은 대형마트를 키우는 쪽으로 작동했던 게 분명한 사실이다.

이를 바로잡는 노력이 필요하다. 대기업과 대형마트와 주식회사 형태의 유통업체에 일방적으로 유리한 규제를 조정해야 한다. 마을공동체의 사업자, 협동조합, 사회적기업 등이 유통업에서 좀 더 자유롭고 다양하게 활동할 수 있도록 규제의 틀을 바꿔나갈 필요가 있다.

사회시스템이란, 정부가 만들어놓은 법제도와 대기업의 경제체제와 민간의 사업 관행과 사람들의 문화 및 의식을 모두 포괄한 것이다. 특히 대기업 중심의 한국경제 성장 경로는 과소비와 맞물리면서 운동장을 기울어지게 만드는 데 결정적으로 기여했다. 대기업과 대형마트 같은 영리 주식회사들은 운동장의 높은 쪽에서 낮은 쪽으로 공을 차고, 골목의 자영업자나 비영리적 성격의 사회적기업 및 협동조합 등은 낮은 쪽에서 높은 쪽으로 공을 차는 축구 경기를 하고 있는 셈이다.

이 시스템 전체를 뜯어보기 위해, 먼저 냉장고 이야기부터
시작해보자.

코끼리를 냉장고에 넣는 법

코끼리를 냉장고에 넣는 방법은 무엇일까? 수학자의 답은 이
렇다. "코끼리를 미분하고 냉장고를 적분해서 넣는다." 대기
업 경영자의 답은 이렇다. "외주 주면 된다." 오래된 농담이다.
그런데 아마도 경제학자의 답은 이렇지 않을까?

"냉장고 관련 규제를 철폐한다. 그러면 경쟁에 의해 코끼리
를 넣을 수 있는 냉장고가 반드시 등장한다."

어쩌면 이 농담은 생각보다 빨리 현실이 될지 모르겠다. 삼
성전자와 LG전자가 냉장고 크기를 두고 이미 경쟁에 돌입했
으니 말이다. LG전자가 사상 최대 용량인 910리터 냉장고를
내놓겠다고 2012년 8월에 발표했다. 삼성전자가 그 며칠 전인
7월 4일에 당시로서는 세계 최대 용량인 900리터짜리를 내놓
은 다음이었다. 한국 기업들끼리 '세계 최대' 냉장고 기록을
앞서거니 뒤서거니 하며 경신한 셈이다.

경쟁은 격화됐다. 삼성전자는 〈냉장고 용량의 불편한 진실〉
이라는 동영상까지 배포했다. 두 종류의 냉장고를 놓고 내부

용량을 비교하는 실험을 하는 내용이다. 이 동영상에서는 공식적으로 LG전자의 냉장고 용량이 삼성보다 10리터 크지만 사실은 삼성 냉장고가 더 크다는 결론이 나온다. 삼성 냉장고에는 캔커피 67개가 더 들어가고 참치캔은 90개 더 넣을 수 있다는 것이다. 냉장고를 눕혀놓고 물을 가득 채워도 삼성 냉장고에 물이 더 많이 들어간다는 이야기도 담겼다. 이 동영상은 유튜브에 게재된 지 석 달 만에 조회수 267만 건을 넘길 정도로 인기를 끌었다. 삼성전자의 제품 홍보자료에도 활용됐다. LG전자는 반발했다. 냉장고를 눕혀 물을 부으면 소비자가 사용하지 않는 공간까지 물이 흘러들어가고, 캔은 넣는 순서나 방식에 따라 들어가는 개수가 달라지므로 좋은 비교방법이 아니라는 이야기였다.

두 회사의 경쟁은 결국 법정공방으로 비화됐다. LG전자는 이 동영상에 대해 광고금지 가처분 신청을 냈다. 법원이 이를 받아들여 삼성전자는 이 동영상을 유튜브에서 삭제했다. 여기서 끝나지 않았다. LG전자는 이 광고 때문에 제품 이미지에 손상을 입었다며 100억 원대 손해배상 소송도 제기했다.

'큰 냉장고'가 왜 이렇게 중요해진 것일까? 1997년 5월 출시된 삼성전자의 지펠 양문형 냉장고 용량은 670리터였다. 1998년 9월 나온 LG전자의 디오스 양문형 냉장고 용량은 760리터였다. 800리터가 넘는 냉장고는 10년 이상 지난 2010년 3월에야 나온다. 그런데 2년 만에 냉장고 용량이 다시 900리터를 돌파했다. 크기 경쟁이 가속화한 것이다.

기업들 뜻대로 큰 냉장고는 점점 더 많이 팔린다. 1995년 600리터 이상 대용량 냉장고 판매율은 전체의 3퍼센트에 지나지 않았는데 2009년에는 41퍼센트가 됐다. 이미 가전업계에서는 2012년 판매량에서 800리터급이 전체의 40퍼센트를 넘어설 것으로 예상하고 있다.

게다가 가구당 냉장고 개수도 늘어나는 추세다. 우리 집에는 냉장고가 몇 개 있는가? 원래 사용하던 냉장고 이외에 김치냉장고를 사용하는 집이 많을 것이다. 1995년 처음 시장에 얼굴을 내민 김치냉장고는 이미 한 해에 1조 원 이상 규모의 시장을 형성하고 있다. 어떤 조사로는 이미 가구보급률이 90퍼센트에 다다랐다. 사실상 대부분의 가정이 김치냉장고를 보유한 것이다. 여기에 조금 넓은, 새로 지은 아파트에 산다면 붙박이형(built-in) 냉장고도 있을 수 있다. 금세 3대가 된다. 여기에 와인냉장고나 화장품냉장고까지 쓰는 가정도 있다.

약 30년 전을 떠올려보자. 그 시절에도 대다수 가정에 냉장고는 있었다. 그러나 250~300리터의 단문형이 주류였다. 요즘은 500리터 이하짜리 냉장고를 가진 집이 많지 않을 것이다. 여기에 김치냉장고까지 있다면 1,000리터짜리를 보유한 셈이다. 물을 기준으로 무게를 따지면 1톤 이상 담을 수 있는 냉장고를 다들 들여놓고 사는 것이다. 삶의 패턴이 이렇게 극적으로 변화했다.

집에 대한 인식도 따라 변화한다. 과거에는 4인 가족이라도 작은 집에 많이 살았다. 아파트라면 19~25평형 아파트에 상당히 많이 살았다. 그런데 지금은 아파트에 산다고 하면 일단 30평형대에서는 살아야 한다고들 생각하고 그 목표를 향해 달려간다. 용량이 커진 냉장고와 연결되는 이야기다.

가구당 가족수는 거꾸로 점점 줄고 있다. 통계청 집계로 1980년대 평균 가구원 수는 4명이었는데, 1990년대에는 3명대, 2010년엔 2.7명까지 감소했다. 그런데 냉장고는 점점 대형화하고 가구당 개수도 늘어난다. 1인당 냉장고 면적은 최근 20여 년 동안 세 배 이상 늘었을 것 같다.

그런데 왜 이렇게 냉장 또는 냉동해두는 음식물과 식재료가 많아졌을까? 사람이 먹는 식사량이 몇 배로 늘었을 리는 없다. 결국 음식물과 식재료의 가정 내 보관기간이 늘어난 것이다. 냉장고가 커지면서 오히려 덜 신선한 음식을 먹게 됐다는 이야기다. 냉동실 깊숙한 곳을 뒤지다 몇 달 전에 산 생선을 꽁꽁 언 채로 발견하는 경험은 결코 남의 이야기가 아니다. 냉장고 크기가 300~400리터이던 시절에는 상상할 수 없었던 장면이기도 하다.

내 집 안의 물류창고

다들 기를 쓰고 용량 큰 냉장고를 사들이지만 그런다고 해서 삶이 윤택해진다고 믿는 사람은 별로 없을 것이다. 어렸을 적 내가 아침에 구멍가게에 가서 두부를 사오면 그 두부는 냉장고에 들어가지 않았다. 사오자마자 바로 먹었다. 어찌 보면 냉장고가 없던 시절 우리는 더 신선한 식품을 섭취했던 것인지도 모른다. 두부공장이 가까우면 김이 모락모락 나는 두부를 아침마다 맛볼 수 있었다. 실제 대부분의 동네에 두부 만드는 곳이 있었다. 하지만 지금 우리가 대형마트에서 사오는 두부는 백발백중 우선 냉장고로 들어간다. 두부뿐 아니라 대부분의 식품이 마찬가지다.

동네 정육점과 구멍가게에서 고기와 채소를 사던 1990년대 초중반까지 대형냉장고는 사치품이었다. 그때까지만 해도 많은 가게가 당일 산 재료를 당일 조리해 식사하는 소비생활패턴을 유지하고 있었기 때문이다. 그러나 주말에 대형마트에 가서 일주일치 먹거리를 대거 구입하는 2012년, 대형냉장고는 필수품이 됐다. 최소한 일주일치는 저장해둬야 하기 때문이다. 골목상권 붕괴와 냉장고는 이렇게 만난다.

그렇다면 우리는 유통업체들의 물류창고 역할을 떠맡고 있는 것 아닌가? 과거에는 동네마다 구멍가게가 있었고 그 가게에 있으면 충분할 냉장고를 가정에 들여놓고 있는 꼴 아닌가? 그러고 보니 대형마트로 가서 그 많은 식료품을 싣고 오는 승용차는 과거 중간 물류창고에서 동네 구멍가게로 배달하던 트럭 역할을 대신하는 것인지도 모르겠다.

이걸 산업과 연결지어 생각해보자. 대형마트와 동네 구멍가게의 산업적 차이는 재고비용을 누가 어떤 식으로 분담하느냐에 달려 있다. 재고비용은 단순히 말하면 물건을 저장해놓는 비용이다. 과거에는 동네마다 구멍가게가 있었으니 어찌 보면 상당히 많은 저장공간을 두고 있었던 셈이다. 반면 식재료가 각 가정에서 저장되는 시간은 굉장히 짧았다. 식재료를 다량으로 사지 않기 때문에 저장에 따른 재고비용을 유통업체가 부담하는 구조였다.

그런데 지금은 대형마트에서 대량구매를 해오기 때문에 그 재고비용을 소비자가 떠안는 셈이다. 어찌 보면 그게 실제로 대형마트에서 물건을 싸게 팔 수 있는 요인 중 하나기도 하다. 집 안의 냉장고에 냉동되어 있는 생선은 과거였다면 유통업체의 창고 안에 냉동되어 있었을 것이다. 냉장고도 유통업체가 마련하고 저장비용도 유통업체가 부담했을 것이다. 그런데 지금은 큰 냉장고가 놓인 자리를 마련하는 비용도, 냉장고에 들어가는 전기료도 모두 소비자 부담이다. 대기업의 냉장고를 사들여 식품을 저장함으로써 대형마트의 비용을 절감해

주고 있는 셈이다. 왜 국민소득이 늘어나도 우리 살림은 계속 팍팍한지가 눈에 훤히 보인다.

실제로 대형냉장고가 본격 사용되기 시작한 시기는 대형마트가 급성장하는 시기와 맞물린다. 1993년 이마트가 첫 점포를 열면서 대형마트가 한국에 들어섰다. 그 뒤 2010년까지 대형마트 점포는 437개까지 급증한다. 매출액도 2011년 36조 6,000억 원으로 늘어난다. 김치냉장고가 등장한 1995년과 대형냉장고 사용이 본격화한 1990년대 후반 시기가 대형마트 성장기와 맞물린다.

냉장고의 대형화와 1가구 2냉장고 시대, 그리고 대형마트 급성장이라는 현상을 종합하면 한국인의 소비생활패턴이 극적으로 변화한 경로를 짐작할 수 있다.

에너지 문제까지 함께 이야기하자면, 가전업체들의 기술개발 패턴은 값싼 전기료와 맞물리며 소비자들이 대형냉장고를 선택하지 않으면 손해를 보는 것 같은 기분이 들게 만든다. 최근 나오는 대형냉장고는 여러 가지 절전기술이 적용된 덕분에 어떤 경우에는 작은 크기의 구형냉장고보다도 전기료 부담이 적다. 뒤집어 말하면 소형냉장고의 에너지효율을 높이려는 노력은 이루어지지 않고 있다는 이야기다.

한국은 구조적으로 에너지 다소비국이다. 인구는 5,000만 명으로 세계에서 25위인데 석유소비는 세계에서 8위, 전력소비는 세계 9위다. 1인당 에너지소비는 일본과 비슷한 수준인데, 소득은 일본이 두 배 많다. 줄일 수 있는 에너지소비를 줄이지 않는 데 그 원인이 있다. 1인당 냉장고 면적 증가는 이를 상징적으로 보여준다.

자본주의는 위대하다. 냉장고 사느라 쓴 돈을 메우느라 과로한 사람들이, 주말이면 대형마트에서 신용카드를 흔들며 냉장고에 넣을 물건을 사들이며 그 피로를 푼다. 그리고 그 카드 값을 메우느라 다시 과로를 한다. 과로해도 메우지 못한 그만큼을 채워 넣기 위해 사람들은 다시 재테크에 몰두하고, 그들이 재테크를 위해 은행예금과 펀드에 넣은 돈은 다시 냉장고 만든 기업과 대형마트를 운영하는 기업에 투자되고 대출된다. 이 모든 것을 가능하게 만드는 것이 자본주의다.

잇따른 '세계 최대 냉장고' 발표 즈음 조간신문에는 냉장고 전면광고가 집중적으로 게재됐다. 냉장고 용량 늘리기 경쟁이 기술발전으로 미화되며 대대적으로 보도되는 시기와 같다. 아마도 각 언론사에는 주요 광고주인 대기업들의 입김이 직간접으로 작용했을 것이다.

그 광고비는 어디서 나왔을까? 기업에 투자한 주주들의 돈이나, 기업에 돈을 빌려준 은행예금자들의 돈 또는 냉장고를 판 돈에서 나왔을 것이다. 금융과 소비가 기업에 자원을 공급한다. 특히 금융으로부터의 투자와 대출 형태로 온 자원은 새로운 냉장고를 만들기 전에 미리 받아 쓸 수 있다는 장점이 있다. 여기서 이른바 지렛대 효과가 나타난다. 이는 지렛대를 움직이는 것과 같은 작은 힘과 자원으로 큰 영향을 미치는 것을 말한다. 기업이라는 존재는 돈이 없어도 새로운 제품을 만들 수 있고, 특히 한국에서 사실상 오랫동안 정부의 제도적 보호 아래 있던 대기업은 그런 일을 더 쉽게 할 수 있다.

그럼 이 고리를 끊고 작은 냉장고를 사용하는 생활로 돌아가려면 무엇이 어떻게 바뀌어야 할까? 우선 동네에서 식료품을 매일 사다 먹을 수 있어야 한다. 그러려면 골목상권이 살아나야 한다. 작은 가게가 살아남을 수 있는 제도적 여건이 마련되어야 한다.

또 동네에서 쇼핑하려면 매일 조금씩이라도 시간을 내야 하니 일찍 퇴근하는 직장문화가 정착돼야 한다. OECD 내 최고 수준을 자랑하는 평균근로시간을 개선해야 하는 이슈가 여기서 걸린다. 이렇듯 냉장고는 우리 경제가 안고 있는 많은 문제를 함축해서 보여준다.

코끼리가 들어갈 만한 냉장고를 팔고 나면 그 뒤에는 냉장고에 들어갈 코끼리를 대형마트에서 팔게 되지는 않을까 모르겠다. 그게 자본주의의 힘이라 한다면 딱히 할 말은 없다. 그 자본주의는 코끼리 다음에는 또 무엇을 냉장고에 넣으려 할지 궁금할 뿐이다.

마트와 냉장고, 자동차 뒤의 대기업들

대형마트, 대형냉장고와 함께 빠르게 성장하며 우리 삶에 뿌리내린 또 하나의 제품은 자동차다.

한국에 이른바 '마이카 시대'가 열리기 시작한 시기는 1986년 서울 아시안게임, 1988년 서울 올림픽을 개최하면서부터라는 게 정설이다. 국내 자동차 등록대수는 1986년 당시 122만 대에서 2000년 1,200만 대로 열 배 증가했다. 아시안게임과 올림픽을 거치고 1인당 GDP가 4,000달러를 돌파하면서 한국인들이 자가용을 몰고 다니기 시작한 것이다. 이마트 1호점이 1993년에 문을 열었으니, 자동차가 어느 정도 보급된 뒤 대형마트가 본격적으로 시장에 진입한 셈이다.

보통 사람이 두부를 사러 대형마트에 가기 위해 자동차를 모는 상황은 사실 한국경제가 고탄소사회로 질적 변화를 겪었음을 상징적으로 보여준다. 일상생활 하나하나가 기름을 태우고 전기를 쓰면서 탄소를 배출하는 체제로 이미 바뀐 것이다.

걸어서 구멍가게에 가서 두부를 사오는 과정에서는 기름이나 전기를 사용하지 않는다. 조금 멀어서 자전거를 타고 다녀오더라도 마찬가지다. 버스나 지하철을 탄다면 기름이나 전기를 사용하기는 하지만 다른 사람들과 나누어 사용하니 부담은 덜하다. 자동차 사용은 에너지를 가장 많이 사용한다. 대형 자동차를 타고 다닌다면 더욱 그렇다.

대형마트와 대형냉장고가 확산되는 동안 자가용 대수도 늘어났고, 특히 중대형차가 차지하는 비중이 빠르게 늘어났다. 에너지경제연구원에 따르면 한국 내 자가용 가운데 소형(1500cc 미만)이 차지하는 비중은 50.2퍼센트(2002년)에서 23.7퍼센트(2011년 말)로 크게 줄었다. 반면 휘발유 소비량이 많은 중형(30.4퍼센트 → 37.6퍼센트)과 대형(5.3퍼센트 → 14.3퍼센트) 비중은 크게 늘었다. 전체 교통량도 1955년 이래 2011년까지 2002년, 2003년, 2004년, 2008년 네 차례를 빼고는 매년 늘었다. 국내 휘발유 소비량의 90퍼센트 이상을 자가용 승용차가 차지하니, 기름을 점점 더 많이 태우고 있는 셈이다.

대형마트와 대형냉장고까지 일상에 깊이 뿌리내린 마당에 소비자가 현재와 같은 자동차 사용 패턴에서 발을 빼기란 쉬운 일이 아니다. 생활패턴 자체를 바꿔야 하는 문제가 됐다.

그런데 대형마트, 냉장고, 자동차가 엮여 성장하는 과정에서 주목할 만한 '선수'들은 바로 대기업들이다. 그들은 끊임없이 성장하는 이 소비의 고리를 연결하면서 스스로도 덩치를 키우고 있다.

자동차를 갖고 싶어서 현대자동차에서 만든 자동차를 산다. 집에 있는 차를 굴리고 싶어지니 두부를 사러 삼성 총수 일가가 분가해 만든 신세계 이마트에 간다. 두부와 함께 냉동식품을 잔뜩 사와서는 LG전자에서 만든 대형냉장고에 넣는다. 끊임없이 우리는 대기업에 입금한다. 대기업이 성장하지 않을 수 없는 순환고리가 만들어져 있는 셈이다.

이 모두가 소비자의 선택이니 결국 소비자가 이 고리를 만든 것 아니냐고 말하는 사람이 있다면 소개해주고 싶은 사람이 있다. 프랑스의 경제학자 장 바티스트 세(Jean-Baptiste Say)다. "공급이 수요를 창출한다"는 유명한 말을 남긴 사람이다. 그는 시장에는 과잉공급이 생기지 않는다는 의미로 이 말을 썼지만, 조금 비틀어 해석해보면 기업이 공급하고자 하고 정부가 제도를 지원해주기만 하면 소비자는 쉽게 따라오게 된다고 풀이할 수 있다.

실제로 기업이 처음에는 저가 상품을 공급하다가 차차 고급화하면서 가격을 올리는 행동은 이윤을 높이기 위한 자연스러운 경영전략이다. 하버드 경영대학원 말콤 맥나이어(Malcom McNair) 교수는 1958년 '소매업의 수레바퀴(wheel of retailing)' 가설을 발표한다. 내용은 이렇다. 소매업의 산업구조는 혁신적 신규 진입자가 싼 물건을 갖고 들어와 점차 고급화하는 패턴을 반복한다. 새로 시장에 진입하는 점포는 늘 혁신적 아이디어를 통해 초저비용·초저가로 운영한다. 최소한의 서비스만 제공하면서 손님을 끌어들여 시장에 터를 잡는다. 그러나 진입에 성공하고 나면 점점 더 세련된 설비와 서비스를 갖춰 나간다. 가격은 슬슬 올라간다.

맥나이어 교수는 소매업 사례를 들어 설명했지만 이 이론은 자동차 기업에도 잘 적용된다. 대중적 자동차를 내놓으며 미국의 '마이카 시대'를 선도하던 포드가 값싼 대중적 자동차 '모델T'를 처음 내놓은 것은 그보다 한 세대 앞선 1908년이었다. 가격은 당시로서는 파격적인 825달러였다. 자동차 한 대에 최소 3,000달러에 이르던 시대였다. 이러던 기업이, 소매업의 수레바퀴가 굴러가면서 미국 대통령이 타는 링컨 콘티넨털 같은 고급차를 만드는 데까지 이른 것이다.

세계 1위 자동차 기업이 된 도요타 역시 똑같은 길을 걸었다. 도요타도 1965년 미국 자동차보다 작고 값싼 코로나(1980년대의 엑셀급)를 내놓으면서 폭발적 인기를 누렸다. 그러다가 1983년 중형차 캠리를 내놓아 성공시키면서 한 단계 고급화했다.

현대자동차의 성장과정만 봐도 그런 수레바퀴의 움직임이 느껴진다. 현대자동차는 1980년대에 소형차 포니로 큰 인기를 얻지만, 그 뒤 소나타 같은 중형차와 그랜저 등의 대형차, 산타페 같은 레저용 차량을 내놓으면서 고급화의 길을 걸었다.

공급이 수요를 창출하는 것은 공급하는 쪽이 그렇게 해야만 이익을 얻을 수 있다는 절박함과 그럴 수 있는 힘을 동시에 지녔기 때문이다. 그런데 이런 기업들에도 일하는 사람이 있다. 그들은 이런 소비의 고리가 커지면서 혜택을 입은 사람들이다. 그렇다면 그들은 어떻게 살고 있을까?

〈마진 콜〉과 골드만삭스의 기억

영화 〈마진 콜(Margin Call)〉을 보고 나는 무릎을 쳤다. 자본주의가 어떻게 작동하는지, 자본주의 사회에서 기업은 회사원을 어떻게 바라보고 있으며, 회사원은 어떤 생각으로 살아가는지를 아주 잘 묘사한 영화였다.

어쩌면 회사원들 가운데 정점에 있는 것은 전 세계 자본주의의 심장인 미국 월스트리트에서 일하는 금융인들이라 할 수 있다. 그들의 삶을 엿볼 수 있다면 이런 고리가 계속될 때 우리 삶이 어디로 향할지 짐작해볼 수 있을지 모른다. 회사원이 오를 수 있는 최고의 자리에서 그들은 행복한지, 더 필요한 것은 무엇인지도 상상해볼 수 있을 것이다.

2004년 여름, 나는 월스트리트의 한 금융컨설팅 회사에서 인턴 애널리스트로 일하고 있었다. 당시 월스트리트에서 가장 명성이 높은 투자은행인 골드만삭스는 충격적인 보고서를 하나 냈다. 유가가 배럴당 100달러까지 오를 것이라는 예측 보고서였다. 그때 유가는 30달러 남짓이었는데 시장에서는 그것도 너무 비싸다고 아우성이었다.

몇 년 지나지 않아 유가는 정말로 100달러를 넘어섰다. 골드만삭스가 옳았다. 그러고는 얼마 뒤 유가 상승의 배후에 골드만삭스가 있다는 소문이 흉흉하게 나돌았다. 골드만삭스가 석유 관련 금융상품을 대규모로 매수하고 나서 유가가 오른다는 보고서를 지속적으로 제출했고, 그런 한편으로 석유 선물(先物)에 집중적으로 투자하면서 다른 투자은행들이 여기에 가담해 조직적으로 유가를 끌어올렸다는 내용이었다.

어떤 과정을 거쳤든, 결과적으로 골드만삭스와 그곳에서 일하는 은행가들과 그 투자자들은 천문학적 액수의 돈을 쓸어 담았다고 한다. 그때 석유 한 방울 나지 않는 한국에서는 밤이면 일찍 불을 끄고 대중교통의 냉난방을 줄이며 전기를 아껴 써야 했다.

〈마진 콜〉은 2008년 미국발(發) 금융위기 직전의 월스트리트를 배경으로 하루 동안 골드만삭스에서 벌어지는 일을 소재로 한 영화다. 당시에도 골드만삭스는 누구보다 먼저 위험 자산을 시장에 내다 팔고 빠져나와 안전하게 살아남은 투자은행이다. 여기 등장하는 인물들은 세계 자본주의의 정점인 월스트리트 회사원들의 삶을 상징적으로 잘 보여준다.

영화는 이렇게 전개된다. 회사에 폭풍이 몰아친다. 위기의 그림자가 짙게 깔리고 흉흉한 소문이 나돈다. 어느 날 낯선 사람들이 서류가방을 잔뜩 들고 사무실에 들이닥친다. 경영진이 보낸 사람들임이 분명하다.

이들은 앉아서 일하는 회사원들을 한 명씩 회의실로 부른다. 그리고 해고 사실을 통보한다. 그가 회의실에 있는 동안 그의 회사 이메일 계정은 삭제되고, 휴대전화는 끊기고, 컴퓨터 접근권은 박탈된다. 그리고 퇴직에 따른 회사 쪽의 보상을 알려주면서 새 출발을 위한 제2의 인생설계 서비스를 함께 제공한다. 해고 통보를 받은 사람은 "앞날을 바라보며(Looking Ahead)"라는 인생설계 팸플릿 하나를 들고 맨몸으로 회의실을 나선다. 참담한 표정으로 회사를 나서는 관록의 투자위험관리 전문가 에릭 데일(스탠리 투치 분)도 그중 한 사람이다. 이처럼 영화는 그 사무실에 있는 트레이더(증권중개인)의 80퍼센트가량이 해고되는 장면으로 시작한다.

〈마진 콜〉에서 회사의 중간관리자인 윌 에머슨(폴 베타니 분)은 연봉이 28억여 원이다. 그는 그 돈을 한 해 동안 다 써버린다. 절반을 세금으로 낸 뒤 부모님 몫을 제하고 집값과 차 운영비, 식사비와 유흥비를 빼고 나면 금세 4억여 원만 남는다. 언뜻 이해하기 어렵지만, 당시 월스트리트의 소비행태를 보면 놀라운 일도 아니다. 회장인 존 털드(제레미 아이언스 분)의 연봉은 960억 원가량 된다. 신참인 세스 브렉맨(펜 배글리 분)의 연봉도 2억 7,000만 원이나 된다.

미국발 금융위기가 터지자 투자은행들의 이런 행태가 모든 미국 언론으로부터 비판의 도마 위에 오른다. 중산층은 무너지고 있었다. 은행들이 돈을 빌려줬다 회수한 기업에서 일하던 사람들은 해고되고 있었다. 그 기업들에는 미국인들의 연금이 상당 부분 투자되어 있었고, 이 기업들의 파산과 함께 미국인들의 미래도 함께 파산했다. 은행들이 빌려준 돈으로 집을 샀던 이들은 집값이 폭락하면서 엄청나게 높은 이자를 물거나 대출을 강제로 되갚아야 했고, 결국 상당수가 집을 빼앗겼다.

그 뒤 이 은행에서 일하는 금융인들이 벌어들이던 천문학적 액수의 연봉이 다시금 관심거리가 됐다. 한때 그 연봉은 평범한 미국인들에게 동경의 대상이었다. 그러나 내가 집을 빼앗기고 거리로 나앉게 된 상황에서 이 연봉은 고급 도둑질로 비춰졌다. 이런 정서가 월스트리트 점령 시위로까지 이어진 것이다.

다시 영화로 돌아가보자. 직원의 80퍼센트를 해고한 날, 월 에머슨은 직속 상사인 샘 로저스(케빈 스페이시 분)의 방에 들어가 다음 지시를 기다린다. 샘은 34년을 이 회사에서 일한 베테랑이다. 피도 눈물도 없어 보이며 돈 앞에 모든 것을 걸 수 있을 듯한 승부사다. 그런 그가 눈물을 흘리자 월은 당황스러워한다. 잠시 후 샘은 그 눈물의 이유를 밝힌다. 그의 애완견이 암 판정을 받았다고.

마음을 추스른 샘은 부서에 남은 직원 33명을 모아놓고 짤막한 연설을 한다. "당신들에게 기회가 왔다. 떠난 이들도 좋은 사람이었지만 당신들이 더 나았기 때문에 살아남았다. 이런 일은 마지막이 아닐 것이고, 이런 방법으로 이 회사는 107년 동안 성장했다." 샘은 박수 속에서 밝은 표정으로 회의를 마무리한다. 해고된 동료 금융인을 위한 눈물은 없었다.

회사는 무엇으로 사는가

"이런 방법으로 회사가 107년 동안 성장했다"라는 이야기는 그야말로 자본주의의 정수를 보여주는 말이다. 자본주의 사회는 '법인'이라는 이름으로 회사에 인격을 부여한다. 그리고 회사는 스스로 살아남고 성장하려 노력한다. 그 노력의 과정에서 기술을 개발하기도 하고, 현란한 광고 카피로 소비자를 유혹하기도 하며, 직원을 해고하기도 한다. 법을 지키기도 하고 어기기도 한다. 그러면서 사람처럼 생존하고 성장하고 사망한다.

기업이 점점 더 힘이 세지면 그곳에서 일하는 사람(노동자), 그곳에서 만든 물건을 사는 사람(소비자), 그곳 근처에 사는 사람(지역 주민)의 이해관계보다 회사 자체의 이해관계가 더 많이 관철되기 마련이다. 그래서 해고도 폭리도 환경파괴도 더 쉬워진다.

묘하게도 우리는 개인에게는 윤리와 도덕을 강하게 요구하지만 기업에는 상대적으로 너그러운 편이다. "기업은 돈을 벌어야지"라는 한마디로 모든 것이 용서되곤 한다. 배임과 횡령으로 유죄판결을 받은 재벌총수가 "경제상황이 엄중하니……" 운운하는 판결을 받아 집행유예로 풀려나는 일이 그래서 비일비재하다. 경영자 개인에 대해서도 이렇게 관대한데, 하물며 사람이 아닌 기업에 대해서야 말할 것도 없다. 기업도 사람처럼 생존하고 성장하도록 법적·제도적 지원을 받는데, 정작 윤리와 도덕은 크게 요구받지 않는 상황이다.

기업에서 일하는 회사원들에게는 그보다 충성의 윤리가 강조된다. 회사의 이익을 위해 행동해야 본분을 다하는 것이고, 그렇지 않으면 윤리에 어긋난다는 식이다. 법인의 이익, 법인의 윤리가 개인의 이익, 개인의 윤리를 압도하는 묘한 상황이다. 사람이 만들어낸 제도가 사람을 뒤쫓고 사람과 싸우는 '터미네이터'적 상황같이 보이기도 한다. 어쩌면 사람이 고안한 가상의 세계가 현실 세계를 압도하는 '매트릭스'적 상황 같기도 하다.

이런 상황에서 해고된 동료를 위해 흘릴 눈물이 없는 것은 어찌 보면 당연한 일이다. 하지만 회사도 할 말은 있다. '공정함(fair)'의 윤리가 그것이다.

다시 영화의 한 장면을 보자. 하루아침에 해고된 에릭 데일은 USB메모리 하나를 부하직원이던 피터 설리반(재커리 퀸토 분)에게 건넨다. 그 자료를 살펴보던 피터는 회사가 보유한 모든 자산(주택담보부증권, MBS)의 가치가 폭락해 사실상 휴지조각이 된 상태이며, 그 손실을 모두 합하면 회사 전체를 팔아도 메우지 못할 정도라는 충격적 사실을 알게 된다.

그 사실을 보고받은 회장은 그 자산을 모두 하루 안에 시장에 팔아 치우라고 지시한다. 한꺼번에 물량을 내놓으면 헐값이 될 수밖에 없지만, 이미 값어치가 거의 없는 자산이므로 회사에서는 최선의 방법이었다. 그 사실을 모르는 매수자들은 보석을 헐값에 샀다고 좋아할지 모른다. 그리고 하루 뒤에는 쓰레기를 고가에 샀다는 사실을 알고는 또 다른 매수자를 찾아 나설 것이다. 결국 이렇게 '폭탄 돌리기'를 하다가 시장은 붕괴되고 투자자들은 파산하게 된다. 그 위험한 방아쇠를 당기기로 상부에서 결정한 것이다.

그러면서 회장은 이렇게 말한다. "우리는 사겠다는 사람(willing buyers)에게 공정한 시장가격(fair market price)에 팔겠다는 것뿐이다." 같은 맥락에서 대량해고를 하는 기업은 늘 이렇게 말하고 싶을 것이다. "우리는 능력 없는 사람을 해고하고 능력 있는 사람에게 더 큰 보상을 주는 공정한 인사를 하고 있을 뿐이다.”

2012년 대통령 선거에서 후보들은 ‘경제민주화’를 앞에 내 걸었다. 당선인은 ‘공정한 시장’을 강조했다. 워낙 불공정한 거래가 많으니 공정성만 잘 달성해도 좋은 사회가 되는 것 아 니냐는 뜻으로 해석된다. 그런데 그 ‘공정성’에는 함정이 있 다. 미국 시장은 공정성의 측면에서는 한국보다 조금이라도 나을 것이다. 미국에서는 적은 지분으로 기업집단을 지배하 는 총수가 없다. 가족에게 일감을 몰아주고 편법으로 경영권 을 승계하는 일도 찾아보기 어렵다. 그러나 월스트리트의 일 부 금융인들처럼, 소비자의 허영심을 자극하고 투자자의 대 박심리를 이용해 천문학적 액수의 돈을 벌어들이고 그것을 흥청망청 나눠 쓰는 집단은 있다. 그 일을 매우 ‘공정하게’ 하 고 있다고, 그들 스스로는 믿는다.

영화 〈마진콜〉에서 회장 존 털드는 말한다. “가장 먼저 하거 나, 가장 똑똑하게 하거나, 속여야 돈을 번다. 그러나 우리는 속이지는 않는다.” 맞다. 그들은 누군가 했을 일을 가장 먼저 하면서 돈을 벌어들일 뿐이다. 그게 카지노 자본주의의 본질 아닌가? 최소한 공정한 것 아니냐는 이야기다.

영화 속 중간관리자인 윌 에머슨도 부하직원 세스에게 이 렇게 이야기한다. “사람들은 자신들이 살 능력이 없는 차와 집 을 원하는데 그때 우리가 필요하지. 우리가 손을 대면 그들이

왕처럼 살아갈 수 있으니까." 집값 거품을 일으켜 부자가 된 것처럼 돈을 쓰게 만들어주고 거액 대출을 내줘 큰 집과 차를 살 수 있게 해준다는 이야기다. 거품이 꺼지면 파산의 아픔을 겪어야 하지만 불공정한 거래는 아니다. 사람들의 욕망을 '공정하게' 충족시키는 '가치 있는' 일이라는 이야기다.

어쩌면 그들이 손을 뗄 때 거품이 꺼지는 일은 누구도 원하지 않을지 모른다. 사람들은 다들 거품 속에 살고 싶어하고, 정의로운 사회의 빈자보다는 불의한 사회의 부자가 되기를 원하며, 동료가 해고되더라도 내 연봉이 오르기를 기대하는지 모른다. 자본주의는 그런 욕망을 '공정하게' 채워주는, 놀랄 만큼 효율적인 시스템인지도 모른다.

과정의 공정함을 되찾은 시장이 결과의 정의로움과 평화로움까지 가지려면 결국 시장참여자들이 변해야 한다. 탐욕의 동물처럼 묘사되는 월스트리트 투자은행가들이 나타난 배경에는 결국 자본주의가 요구하는 대로 더 넓은 집과 더 큰 차와 더 많은 냉장고와 더 비싼 휴대전화를 소유하는 데서 삶의 기쁨을 찾는 개인들이 있다.

금융위기의 원인이 됐던 MBS는 우리의 자산과 욕망에 지렛대를 대준다. 즉 가진 것을 더 부풀려 소비할 수 있게 해주는 것이다. 이게 바로 영화에서 정의한 금융의 기능이다. 지렛대 자체가 나쁘지는 않다. 그것은 단순한 기구일 뿐이다. 무엇을 떠받치느냐가 중요하다. 탐욕을 떠받칠 것인가, 아니면 선의와 이타심을 떠받칠 것인가에 따라 그 결과는 달라진다.

회사원을 위한 변명

전태일은 1970년 서울 평화시장에서 "우리는 기계가 아니다"라고 쓴 피켓을 들고 시위를 벌이려다가 분신했다. 그 시절 노동자는 저임금에 장시간 부릴 수 있는 기계처럼 취급됐다. 사람답게 살 수 있는 노동환경을 만들어달라는 그의 울부짖음은 한국 노동운동의 전설이 됐다.

그런데 맥락은 좀 다르지만 연봉 수십억 원을 받는 월스트리트의 금융전문가들도 따지고 보면 일종의 기계다. 금융인은 투자자의 욕구를 최대한 반영하는 행동을 해야 하는 기계다. 월스트리트의 금융인들은 탐욕의 화신처럼 보이지만 그들도 다른 모두와 마찬가지로 인간이다. 시장바닥의 장사꾼이 지닌 상인정신을 그들도 갖고 있을 뿐이다. 보통의 회사원이 지닌 기계적 충성심을 그들도 갖고 있을 뿐이다.

우리 회사원들도 사실 기계다. 주주와 경영자의 욕망을 최대한 구현해줘야 하는 기계다. 자신의 욕구와 윤리는 일과시간에는 꾹 참았다가 퇴근 후에만 내세울 수 있다. 꾹 참을수록 두둑해지는 월급봉투의 두께가 퇴근 후 자유의 양과 질을 좌우한다.

한국인은 오래 일한다. OECD 국가 가운데 가장 긴 노동시간을 자랑한다. 고용된 사람의 연간 노동시간은 2011년 통계로 2,090시간 수준이다. 이보다 많이 일하는 나라는 OECD 국가 가운데는 멕시코밖에 없다. OECD 평균은 1,770시간 수준이고 독일은 1,400시간가량 일한다. 중세 유럽에서 영주를 위해 일하던 농노의 연간 노동시간이 1,620시간가량이었다고 하니, 참으로 오랜 시간 일하는 셈이다.

왜 이렇게 오래 일할까? 기업에서 고용을 늘리기보다는 일을 더 시킴으로써 효율화를 꾀하기 때문일 것이다. 하지만 자발적으로 더 오래 일하려는 경우도 많다. 한 푼이라도 더 벌어두기 위해서다. 예를 들어 대기업 공장노동자들은 대체로 야근과 특근을 선호한다. 가족끼리 가게를 운영하는 자영업자들은 큰돈을 벌지 못하면서도 휴일도 챙기지 못하고 밤에도 일한다. 자리를 비웠다가 손님을 놓치고 싶지 않아서다.

'한 푼이라도 더 벌어두자'는 절박함은 격차와 불안정성에서 나온다. 한국 노동시장의 가장 큰 특징이 격차다. '이중노동시장' 현상이 매우 심하게 나타나고 있다. 상대적으로 안정성이 높고 고임금인 1차 시장과, 불안정하고 저임금인 2차 시장으로 나뉘어 있는 것이다. 소수 대기업의 일자리와 나머지 중소기업과 자영업 일자리 사이의 임금과 안정성 격차가 상당히 크다.

게다가 고용률은 낮다. 그나마 일자리가 있으면 다행이지만 그렇지 않은 사람이 아주 많다는 것이다. 여기에다 보편적 복지가 부족하다. 복지는 상당 부분 일자리와 맞물린다. 일하던 사람이 일자리를 잃는다 해도 아직 저소득층이 되지 않은 상태라면 살아가기가 매우 힘든 게 한국사회다.

굳이 한국사회만 그런 것 같지는 않다. 애플의 CEO이던 스티브 잡스가 살아생전에 버락 오바마 미국 대통령과 만나 나누었다는 유명한 이야기가 있다. 〈뉴욕 타임스〉에 따르면, 오바마 대통령이 관저에 몇몇 재계 인사를 초청해 식사를 대접했다. 식사 중에 스티브 잡스에게 "아이폰과 아이패드를 다 외국에서 만드는데 그 일자리를 미국으로 돌아오게 할 수는 없습니까?"라고 물었다. 그랬더니 스티브 잡스는 "그 일자리는 미국으로 돌아올 수 없습니다"라고 한마디로 잘라 말했다는 것이다.

아이폰은 대부분 중국에 있는 공장에서 아웃소싱으로 조립한다. 대만 기업인 폭스콘과 페가트론이 그 공장을 운영하고 있다. 그러니 미국에서 고용하는 것보다 인건비를 포함한 비용이 덜 든다. 하지만 잡스가 그 일자리를 미국으로 되돌릴 수 없다고 잘라 말한 것은 그 때문만은 아니다. 애플이 자랑하는 속도와 유연성도 미국으로 일자리를 되돌려서는 유지할 수 없기 때문이다.

2007년 새로운 아이폰이 나올 때의 이야기다. 애플은 막판에 아이폰 디자인을 수정했다. 오랫동안 준비하다가 공장에서 제조하기 직전에 바꾼 것이다. 하지만 출시일은 약속대로 맞춰야 했다. 최종 주문이 중국의 폭스콘 공장으로 간 시간은 자정이었다. 그 시간에 폭스콘은 노동자 8,000명을 출근시켰다. 그러고는 모두에게 음료수 하나와 비스킷 몇 개를 주면서 그때부터 일을 시작하게 했다. 결과적으로 96시간, 나흘 만에 매일 아이폰을 1만 대씩 조립하는 상황이 됐다. 공급차질은 일어나지 않았다.

애플 제품의 빼어난 디자인, 속도, 유연성은 모두 아름다운 단어들이다. 글로벌 시장에서 그것은 그 기업이 얼마나 훌륭한가를 보여주는 척도이기도 하다. 그런데 이들이 내포한 실체적 의미는 이렇다. CEO가 '디자인 바꿔야겠어'라고 생각했을 때 얼마나 빨리 실행되느냐가 바로 속도와 유연성이라는 척도를 좌우한다. 이게 기업의 경쟁력이고, 이게 가능하려면 노동자의 인권을 100퍼센트 지켜줘서는 곤란하다. 그들이 기계처럼 움직여줘야 하는 것이다.

다시 이야기를 거꾸로 돌려보자. 일자리가 돌아올 수 없다는 잡스의 말은 무슨 뜻인가. 미국인과는 그렇게 일할 수 없기 때문에 안 된다는 이야기다. 자본주의가 칭송하는 속도와 유연성을 높이고 제품출시일을 엄격하게 지켜 소비자의 신뢰를 얻으려면 사람을 기계처럼 부릴 수 있어야 한다는 뜻이다. 그러니 가능하면 사람을 늘리지 않고 가능하면 더 소득이 낮고 사람을 잘 부릴 수 있는 지역으로 아웃소싱하는 것이 기업의 자연스러운 선택이 된다.

이런 상황이다 보니 좋은 회사원일수록 지금 다니는 직장에서 사생결단을 하듯 일하는 것이 자연스럽다. 밤늦게까지 일하는 척이라도 하면서 회사에 충성하는 모습을 보이려 하는 게 인지상정이다. 그래야 오래 붙어 있을 가능성이 높아지니 말이다. 한 단계라도 추락하면 엄청나게 큰 경제적 타격과 사회문화적 충격을 입는다. 동창회에 가서 "나 삼성 다녀"라고 말하는 것과 "나 중소기업 다녀"라고 말하는 것 그리고 "직장 안 다녀"라고 말하는 것 사이의 엄청난 격차를 모두들 잘 안다. 추락에 대한 불안과 공포를 기반으로 더 오랜 시간 시키는 대로 일할 수밖에 없는 구조다.

설상가상 고용의 불안정성은 점점 더 높아지고 있다. 과거의 평생직장 개념은 사라지고 있다. '노동시장 유연성'이라는 이름으로 해고가 상대적으로 쉬워지면서 더욱 그렇게 됐다. 흔히 IMF 구제금융 체제가 처음 해고를 도입한 것으로 알려져 있지만 꼭 그런 것은 아니다.

1980년대까지 한국 기업은 사실상 평생고용 체제였지만 부분적으로는 인력 구조조정 필요성이 늘 제기됐다. 그래서 1970년대 정부부처에서는 '명예퇴직'이라는 제도를 활용해 고용조정을 했다. 1980년대 중반께 LH공사(당시 주택공사)와 KT(당시 한국통신) 등 공기업에서 명예퇴직을 도입한다. 그것이 1990년대에는 일반 기업으로 확산되었고, IMF 구제금융 이전인 1996년에도 직원 1,000명 이상 기업 가운데 3분의 1이 명예퇴직을 실시하고 있었다. 명예퇴직은 합의에 기초한 근로계약 해지다. 당사자가 합의하지 않으면 성사되지 않는다. 따라서 명예퇴직에 꼭 따라오는 것이 위로금이다. 처음에는 3~7개월분 월급 정도에 그치던 위로금 액수가 1990년대 후반에는 60개월분 임금으로 늘기도 했다. 또 퇴사 뒤 1~2년 동안 장학금과 경조사비를 지급하는 경우도 생겼다.

그리고 IMF 구제금융 체제에서 '정리해고'가 도입된다. 정리해고는 회사가 경영상의 사유로 일방적으로 근로계약을 해지하는 것을 가능하게 했다. 해고가 더 쉬워진 것이다. 그렇지 않아도 회사에서 나가 낙하하면 떠받쳐줄 그물이 없는데, 이제 타의에 의해 회사를 그만둬야 하는 상황이 언제 닥칠지 모르게 됐다. 지금 있는 곳에 더 충성하고 매달리는 것은 당연하다.

전태일의 외침이 무색하게, 회사원은 여전히 기계다.

골목상권의 희망과 절망

한국경제는 성(城) 안의 정규직 노동자와 그 나머지로 이뤄졌다고 할 수 있다. 그런데 성 안 사람들이라고 계속 안전하지는 않다. 일정한 나이를 넘어서면 대부분 성 밖으로 나가 나머지 절반의 사회생활을 해야 한다.

그래서 50대 영세 자영업자 비중이 많이 늘었다. 베이비붐 세대의 퇴직이 본격적으로 이뤄지면서 새로운 인생을 시작해야 했기 때문이다. 이들 중 상당수는 식당, 빵집, 슈퍼마켓 같은 생계형 서비스업에 뛰어든다.

상황은 녹록하지 않다. 자기 이름 걸고 빵집 하나 차려 장사가 될 법하면 주변에 대기업 프랜차이즈 빵집이 금세 뛰어든다. 카페든 식당이든 특색 있게 만들어 작게나마 성공시켜놓아도, 건물주가 보증금과 임대료를 끊임없이 올려달라니 남는 게 없다. 임대료 부담으로 떠나간 자리에는 프랜차이즈 커피전문점이나 패스트푸드점이 들어선다.

대기업 프랜차이즈 사업을 시작한다고 해서 여유가 있는 것도 아니다. 공정거래위원회는 2012년 프랜차이즈 사업장을 조사하기 시작했다. 파리크라상, 파리바게뜨, 파스쿠치 등의 가맹점주들에게 매장 규모를 늘리거나 인테리어를 다시 하도록 요구했다는 혐의다. 많게는 수억 원까지 들어가는 투자인데도 오롯이 가맹점주의 몫으로 떠넘겼다는 것이다. 사업이 실패하면 그대로 사라지는 돈이다. 하지만 요구를 거절했다가 계약이 해지되면 곤란하니 울며 겨자 먹기로 투자를 하게 된다는 것이다.

2010년에 전체 소상공인 가운데 월 매출 400만 원 이하인 곳이 58퍼센트였다. 여기서 임대료를 빼고 순이익을 따지면 149만 원이다. 순이익이 100만 원 이하인 업체도 절반이나 된다. 소상공인의 순이익은 임금이나 마찬가지다. 게다가 이들은 대체로 무급의 가족종사자와 같이 일한다. 배우자나 자식이 돈을 받지 않고 함께 일하는 것이다. 사실 월급을 줘야 하는데 숙식만 제공하며 노동을 시키는 형태이니, 가족인건비까지 감안한다면 매우 열악한 상황이다. 여기서 한 발짝만 더 내려가면 도저히 버틸 수 없을 것이다.

이토록 어려운 상황인데도 사람들은 왜 자꾸 자영업에 뛰어들까? 우리 동네 빵집에서 생각의 실마리를 찾아봤다.

프랜차이즈 브랜드를 사용하던 우리 동네 빵집이 어느 날 간판을 바꿔 달았다. 빵집 주인아저씨가 손수 지은 이름이었다. 프랜차이즈에서 탈퇴한 것이다. 이유를 물었더니 이런 대답이 돌아왔다. "빵을 직접 굽고 싶은데 보내주는 빵만 팔라고 해서요." 프랜차이즈 본사의 정책이 바뀌어 보내주는 냉동반죽을 구워 팔라기에 탈퇴해버렸다는 것이다.

허름한 그 빵집 바로 옆으로 이미 다른 대기업 프랜차이즈
가 들어선 상태였다. 자기만의 빵을 직접 구워 자기 이름으로
동네 주민들의 선택을 받겠다는 결기가 느껴졌다. 단지 돈 때
문이라면 프랜차이즈 빵집으로 들어가는 게 손쉬운 선택이었
을지도 모르니 말이다.

둘러보니 비슷한 가게가 계속 눈에 띄었다. 동네 커피전문
점 한 군데는 사회복지법인에서 투자해 가게를 열었는데, 가
출한 청소년들이 직접 운영하게 한다. 이 과정을 거쳐 청소년
들이 고객과 대화하는 법을 익히고 사회에 능동적으로 참여
하도록 하는 것이다. 이 손바닥만 한 커피전문점은 스타벅스
와 카페베네 같은 영리업체들 사이에 우뚝 서 있다. 돈 때문이
라면 시간제 아르바이트생을 쓰는 게 더 나은 선택이었을 텐
데, 매우 다른 선택을 한 것이다.

우리 동네를 둘러보며 이런 생각을 했던 때는, 인도네시아
의 여성 기업가와 짧은 논쟁을 벌인 직후였다. 그 논쟁은 독일
BMW재단이 유럽과 아시아 각국에서 40명을 초청해 자카르
타에서 연 '유럽-아시아 영 리더스 포럼'에 참석했다가 벌어
졌다. 나는 늘 주장하던 대로 '자본주의 위기의 원인은 탐욕'
이며 이를 제어하는 시스템을 구상해야 위기를 극복할 수 있
다고 발언했다.

그랬더니 인도네시아의 미디어 기업 '페미나'의 스비다 알

리스자바나 사장이 "탐욕은 좋은 것(Greed is good)"이라며 정색을 했다. 나는 너무 깜짝 놀라 즉답을 하지 못했다.

그러고 보니 동남아의 저개발 지역에서는 여전히 더 많은 탐욕이 필요할지 모른다는 생각이 들었다. 영리획득과 자본축적을 유일한 목적으로 하는 '탐욕'까지는 아니더라도, 일종의 욕망결핍 상태가 문제인 사회일 수 있다는 이야기다.

자카르타 시내 재래시장을 방문해 상인들과 이야기를 나누면서 이런 생각은 더 강해졌다. 상인들 중에는 매일 현금이 들어오면 바로 써버릴 뿐 일주일 단위 계획도 잘 세우지 않는 사람이 많았다. 싱가포르로 간 이주노동자들은 번 돈을 모두 써버려 2년을 일하고도 모아둔 돈이 없다는 보고도 같은 포럼에서 나왔다. 이렇게 내일을 계획할 의지가 없는 이들에게는 욕망을 불어넣는 일이 필요할지 모른다.

세계경제의 가장 큰 문제가 욕망의 과잉이라고 생각했던 내게는 작은 충격이었다. 실제로 지나친 욕망은 너무 많은 자원의 소비로 이어졌고 기후변화와 환경의 위기를 가져왔다. 또 지나치게 많은 부채와 위험자산 투자로 이어졌고 금융위기와 재정위기를 불러왔다. 미국과 유럽을 포함한 대부분의 선진국 경제에서 그런 일이 벌어졌다.

어떤 의미에서는 한국사회도 욕망과잉 상태인 듯 보인다. 언젠가는 집값이 올라 대박이 터질 것이라는 기대로 수십 년

갚아야 할 규모의 빚을 내서 아파트를 사는 일이 자연스레 벌어진다. 경쟁이 심해 초등학교 저학년부터 사교육이 극성이다. 국회의원 후보자의 도덕성에는 둔감하고, 돈을 끌어와 다리를 건설하고 건물을 올리겠다고 공약하면 박수를 보낸다. 그 돈은 결국 다 같이 갚아야 할 빚인데도 말이다.

하지만 보호받아야 할 욕망도 있다. 어쩌면 보호받아야 할 욕망이 제대로 보호받지 못하고 있는 게 더 문제일지도 모른다. 자신이 정성스레 반죽하고 모양을 만들어 구운 빵을 사람들에게 먹이며 자신도 먹고 살겠다는 욕망은 보호받을 가치가 있다. 책이 좋아서 책을 팔고 독자들과 대화를 나누는 동네 책방 주인이고 싶다는 욕망은 권장할 만한 것이다. 축적하고 확장해 시장을 장악하고 지배하려는 욕망이 아니라, 좋아하는 일을 하며 지속적으로 생존하려는 욕망이니 말이다.

한국의 자영업 비율이 30퍼센트를 넘는다. OECD 국가 중 가장 높은 수준이다. 이유는 분명하다. 다른 일자리가 마땅치 않기 때문이다. 앞서 이야기한 대로, 좋은 일자리는 잘 늘지 않는다. 안정된 직장에서 밀려나기는 쉽지만, 나오고 나면 사회적 보호장치가 없다. 그래서 어쩔 수 없이 다들 자영업에 뛰어든다. 특히 직장을 그만두고 나오는 50대가 문제라고들 한다. 그렇지 않아도 그 수가 많은 베이비붐 세대인데, 나와서 괜찮은 일자리를 구하지 못하니 자영업에 뛰어들어 상황을 더 어렵게 만든다는 것이다.

이들을 보는 한 가지 시각은 구조조정 대상으로 보는 것이다. 잘못된 판단으로 사업에 자꾸 뛰어든다는 지적도 같은 맥락이다. 그렇지 않아도 자영업 업종이 포화상태라 현상유지도 어려운 판국에 자꾸만 더 뛰어든다는 것이다. 실제로 경제가 발전하면 기업이 늘어나 자영업자가 줄어드는 게 일반적이다.

결국 높은 자영업자 비중이 문제라는 이야기다. 자영업이 포진한 생활경제 영역의 생산성이 오르지 않고, 이들의 삶이 자꾸 어려워지기만 한다는 것이다. 한국사회의 부담이라는 말까지 나온다. 그래서 구조조정이 필요하다고도 한다.

이런 시각은 분명 한 측면의 진실을 담고 있다. 경제학적으로 보면 맞는 이야기일 수 있다. 생산성이 낮은 영역에는 구조조정이 필요할 수 있다.

하지만 나는 조금 다른 면을 본다. 실업을 맞거나 퇴직을 해도 쉬지 않고 일하겠다고 나서는 사람들이 이렇게 많다는 사실은 어쩌면 한국사회에 축복이다. 그러므로 이들이 맡은 영역에는 거대자본 같은 외적 요인이 파고들어 생존기반을 파괴하지 못하도록 장벽을 쳐줄 필요가 있다. 여기에서 골목상권 보호라는 이슈가 등장한다.

이런 장벽이 만들어질 경우 제품만 괜찮다면 적절한 경제적 성과를 내며 사업을 오래 이어가는 것이 가능해질 수 있다. 여기에 책임 있는 경영을 하고 삶의 보람을 균형 있게 추구하는 기업가정신을 북돋우면, 이들은 한국사회의 부담이 아니라 안전망이 될지도 모른다.

자기만의 빵과 자기만의 서점을 갖고 싶은 자영업자들의 욕망에 진지하게 귀 기울일 필요가 있다. 대형 프랜차이즈에 들어가지 않는 선택을 할 수 있는 이들은 당장 돈을 많이 버는 것과는 조금 다른 욕구를 가진 것일 수 있다. 돈 때문에 경영하는 게 아니라 나만의 제품을 만들기 위해 경영하는 것. 돈 때문에 경영하는 게 아니라 일하는 사람들이 행복을 느끼게 해주기 위해 경영하는 것. 고객과 지역사회를 위해 경영하는 것. 돈은 그런 목적을 위한 수단으로 여기는 것. 그게 바로 영혼이 있는 경영이다. 이런 경영을 하는 기업이 착한 기업이다. 글로벌 기업들이 지향한다는 이런 목표를 동네 가게라고 못할 것은 없다.

위험 없는 이익 노리는 재벌

한편 골목상권과 맞물려 반드시 짚고 넘어가야 할 게 바로 재벌 이슈다. 재벌과 대기업을 보는 한국인의 시선은 극명하게 엇갈린다.

우선 우리가 가진 것을 빼앗아 가서 먹고살기 어렵게 만드는 맹수라는 시선이 있다. 이런 시선은 특히 2008년 글로벌 금융위기 때 자주 모습을 드러낸 재벌총수 일가와 대기업들의 골목상권 업종 진출과 맞물려 있다.

이 시기 재벌총수 일가나 재벌 계열 대기업이 진출한 업종을 나열해보면 이렇다. 빵집, 물티슈, 의류, 구내식당, 떡볶이, 순대……. 주로 먹거리 관련 업종이나 서비스업이다. 서민 자영업자들이 맡고 있던 이런 업종에 재벌 일가와 대기업까지 진출하는 현상은, 아무래도 위험성이 낮고 손쉬운 사업인지라 뛰어들었다는 인상을 지울 수 없다. 재벌이 위험을 피하고 '땅 짚고 헤엄치기' 하는 방법으로 돈을 벌려 한다는 것이다.

기업에서 뭔가 사업을 시작해 투자한다는 것은 기본적으로 위험을 감수하는 일이다. 그러나 순댓집을 차리는 일과 반도체를 새로 개발하고 생산라인을 증설하는 일은 본질적으로 다르다. 반도체를 만들려면 신기술투자를 해야 한다. 사실 이런 기술은 성공확률이 비교적 낮다.

2000년대 초반 상황을 떠올려보자. IT 기술투자가 한창일 때 여러 가지 기상천외한 기술 및 투자가 새로이 등장했다. 예를 들면 '전력선 통신'이라는 기술이 있었다. 당시 이 기술에도 상당 규모의 투자가 이뤄졌다. 하지만 지금 이 기술은 사용되지 않는다. 당시에는 유망한 기술로 보고 많은 투자가 이뤄졌지만 결국 사용되지 않은 것이다. 투자자들은 투자금을 날렸다.

신기술에 투자하는 일이란 예컨대 이런 것이다. 5~10년 뒤 소비자들이 원하는 기술이 어떤 것일지 예측하기는 쉽지 않다. 지금 눈에 보이는 것과는 전혀 다른 장비들을 사용할 수도 있다. 그런 변화를 예측하되 그것이 빗나갈 위험까지 충분히 감수하면서 시도하는 게 기술투자다. 따라서 그러한 예측을 얼마나 정확히 제대로 하느냐가 투자자 입장에서는 성공의 관건이다.

하지만 순대와 떡볶이에 대한 투자는 성격이 다르다. 1년 동안 한국 사람들이 먹는 순대와 떡볶이의 양은 거의 정해졌다고 봐도 지나친 말이 아니다. 인구 구성에 따라 조금씩 달라지겠지만 그 역시 얼마든지 예측이 가능하다. 위험요소가 거의 없는 셈이다. 결국 이렇게 수요가 정해진 사업에서는 결국 누가 얼마나 시장을 나눠 갖느냐의 싸움이 벌어진다. 따라서 힘 있는 기업이 뛰어들어 초기에 약간의 손해를 감수하더라도 끝내 시장을 장악하고자 하면, 별 위험부담 없이 성공을 거둘 수 있다.

이런 의사결정을 할 때는 '가족애'가 매우 강하게 작용하는 듯하다. 현재의 재벌 대기업을 일으킨 1세대는 맨주먹으로 기업을 일으킨 경험이 있다. 아무것도 없는 데서 시작했기 때문이다. 정경유착과 부패의 오명도 있지만, 그래도 위험을 감수하며 살았던 사람들이다. 그리고 2세대 재벌은 기업을 글로벌 무대로 가져갔다. 위험을 감수하고 투자해 휴대전화도 만들고 고급 승용차도 만들었다. 10년 뒤 성공할 사업을 예측하고 미리 투자를 감행했다.

그리고 이제 3세대, 4세대로 넘어가는 시기를 맞았다. 그런데 더는 위험을 감수하기가 싫은 모양이다. 하기야 그렇게 큰 위험을 감수하면서까지 더 가질 만한 것도 별로 남아 있지 않다. 오히려 위험이 없는 곳에서 안전하고 우아하게 살아가고 싶은 마음이 드는가 보다. 또한 자식에게 위험을 권하고 싶지 않은 것은 어느 부모나 마찬가지다.

빵, 순대, 떡볶이는 한국인이 반드시 소비하는 제품이다. PCS나 삐삐처럼 한순간에 사라져버리는 제품이 아니다. 망하지 않는다. 경쟁자는 취약한 자영업자들이다. 100퍼센트 이긴다. 당신이 재벌이라면 어떻겠는가. 이런 사업을 자식에게 권하겠는가, 아니면 언제 시장이 악화되어 투자자들과 채권자들의 소송에 시달리게 될지 모르는 첨단기술 기업을 자식에게 권하겠는가?

과거 'e삼성'에 투자했다가 실패한 이재용 삼성전자 부회장의 사례는 오히려 건전한 편에 속한다. 3세 경영자인 그는 닷컴 거품이 한창일 때 삼성의 여러 자원을 모아 e삼성이라는 인터넷 사업 그룹을 새로 만들었다. 그룹을 만들고 해산하는 과정에서 여러 문제가 있긴 했지만, 일단 실패 위험이 있는 사업에 뛰어들었다는 점에서는 순대나 떡볶이 사업보다 건전했다.

위험을 감수한 투자는 기업의 기본적 임무다. 재벌 2세나 대기업이 동네 아저씨들이 해야 할 사업까지 넘보는 것은, 그게 아무리 아름다운 가족애의 귀결이라 할지라도, 게으르고 무책임한 일이다.

한국경제는 지금 엄청나게 성장한 상태다. 산업화에 성공한 것이다. 삼성전자와 현대자동차는 이제 애플이나 도요타자동차와 겨루는 글로벌 기업이다. 기업이 성장했다면 일단 투자를 많이 해야 한다. 그래야 경제에 새로운 성장동력이 생긴다. 자본주의 시장경제를 원론적으로 충실하게 대변하는 입장에서 이야기해도 그렇다.

그런데 수치를 보면 기업의 투자는 현저히 떨어지는 추세다. 1970년대 한국의 고정자산투자 성장률은 17퍼센트 이상이었다. 그런데 2011년에는 1퍼센트대였다. 기업들이 공장이나 설비에 투자하지 않는다는 뜻이다. 대규모 설비투자가 급격히 줄고 있다. 이런 현상을 빵집이나 떡볶이 사업 진출과 연결지어 해석해볼 수 있다.

기업들은 이제 대규모 투자나 위험한 투자는 새로 하지 않는다. 위험한 데에 투자해 사업을 할 수는 없고, 그렇다고 사업을 안 할 수도 없는 노릇이다. 계속 돈을 벌어 개인의 자산은 늘려야겠기에 손쉬운 데 투자를 하게 되는 것이다. 자영업자 영역을 침범하는 건 그런 의미에서 자연스러운 귀결이다.

가끔 이런 반론을 접하기도 한다. 자영업자들도 경쟁력을 키우면 되지 않는가? 소비자들이 좋아하는 빵을 만들면 대기업 빵집도 물리칠 수 있지 않겠는가?

답은 명확하다. 그렇지 않다. 주식회사, 특히 금융시장에서 이미 검증받은 대기업이 자영업자들이 주로 하고 있는 업종에 뛰어들면, 자영업자들은 속수무책으로 당할 수밖에 없다. 자본의 레버리지 효과 때문이다.

금융시장이 바로 이런 일을 가능하게 해준다. 기업들은 주식시장에서 투자자들에게 주식을 발행해줘 자금을 끌어 모을 수 있고 은행에서 대출도 받을 수 있다. 즉 작은 자기자본으로 큰 투자를 유치할 수 있고, 사업을 시작하기 전에 계획만으로도 자금을 만들 수 있는 것이다.

따라서 주식시장과 은행에서 돈을 끌어 모을 능력이 있는 기업이 시장에서 절대적으로 유리하다. 대기업이 자영업자와 싸워 이길 수밖에 없는 이유다. 예를 들어 대기업이 떡볶이집에 진출할 경우 사업이 성공해 돈을 벌기도 전에 미리 투자를 할 수 있다. 또 가격을 깎아주거나 제품의 질을 높여 손해를 보면서 팔 수도 있다. 실제로 유통이나 외식업에 막 진출한 대기업 상당수는 한동안 계속해서 손해를 본다. 그러다가 기존의 경쟁자들이 사라지고 나서야 그 손해를 만회하기 시작한다.

자영업자들 입장에서는 그렇지 않아도 경쟁이 심한데 답답한 노릇이다. 이미 한계상황에서 운영하고 있는데 대기업 진입으로 추가로 투자를 해야 한다거나 가격을 낮춰야 한다면 버티기가 더 어렵다. 품질경쟁만으로는 싸움에서 이길 수 없는 이유다.

재벌에 대한 경외의 시선을 넘어

그러나 한편으로 한국인들은 재벌 대기업에 대해 또 다른 시선을 보낸다. 어쨌든 그들이 유능하고 믿을 만하다는 시선이다.

언젠가 우리 동네에 청원서가 돌았다. 내용을 살펴보니 "우리 구에 있는 대학교에 대형마트가 입점할 수 있도록 해달라"는 내용이었다. 기가 막혔다. 우리 집에서 그 대학교까지 가려면 교통이 조금이라도 막힐라치면 30분이 넘게 걸린다. 동네에는 이미 걸어서 갈 만한 거리에 슈퍼마켓도 있고 하다못해 편의점도 있다. 심지어 자동차로 15분쯤 가면, 비록 다른 구(區)에 속하기는 하지만 이미 대형마트도 있다. 더 놀라운 것은, 많은 주민이 그 청원서에 서명했다는 사실이다. 유명 브랜드의 대형마트가 우리 구내에 입점하면 어쩐지 자랑스러울 것 같다는 생각 때문이었을까? 이게 바로 우리 마음속에 있는 '먹고사니즘'의 한 단면이다.

청년을 대상으로 한 많은 조사에서 이건희 삼성전자 회장은 여전히 '최고의 경영자'로 꼽힌다. 지역상인들이 대형마트 입점을 반대해도 주민들은 대형마트 유치를 반기는 경우가 많다. 많은 이들의 마음속에는 여전히 빵집도 순댓집도 '대기업이 하면 더 잘할 것'이라는 생각이 자리 잡고 있어서다. 중소기업 브랜드 제품에는 손이 잘 가지 않고, 좀 비싸도 대기업 브랜드를 선호한다. 재벌 대기업에 대한 경외의 시선이다.

그런데 정말 그럴까? 빵집의 예를 좀 더 들여다보자. 재벌 계열의 프렌차이즈 빵집을 연 이들 중 상당수가 재벌 일가의 자식들이다. 이들에게 빵은 취미이자 재테크다. 지분을 부풀려 상속받겠다는 생각으로 빵집을 경영한다. 하지만 동네 자영업자에게 빵은 생존이고 삶이다. 동네에 사는 단 한 사람의 입맛이라도 더 사로잡으려는 간절한 소망으로 빵을 굽는다.

과연 어느 빵집 주인이 그 동네 소비자들에게, 그리고 이 나라 경제에 더 도움이 될까?

생존을 위해 빵을 굽는 사람은 언제나처럼 새벽이면 빵반죽을 오븐에 넣을 것이고, 새로운 빵을 매대에 진열하기도 할 것이며, 너무 답답하면 머리띠를 두르고 인근 대형마트 앞에서 울분을 토로할 것이다. 그 어떤 경우라도 재테크나 취미를 위해 빵집을 소유한 사람들보다는 간절한 마음으로 일할 것이다.

물론 대기업이 지렛대 효과를 누리는 동안, 즉 금융시장에서 자본을 조달하고 대규모 투자로 양질의 빵을 더 싸게 공급하는 동안은, 그 빵집이 더 나아 보일 것이다. 하지만 그 또한 언젠가 회수해갈 잉여일 뿐이라는 점을 감안하면 오래 지속될 성격의 경쟁력은 아니다.

물론 빵집에만 해당되는 이야기가 아니다. 생활경제 영역 모두에 적용되는 이야기다.

또 한편에는 대기업들이 곧 '국가대표'라는 시선도 있다. 이 시선으로 보면 대기업들은 우리를 대신해 땀 흘려 경쟁력을 높이고 세계시장에 나가 싸우면서 물건을 팔고 돈을 벌어오는 존재다. 이 시선으로 세상을 보면, 우리를 대표해 어렵게 싸우는데 너무 비판만 하며 발목을 잡으면 곤란하다는 입장이 자연스러운 정서적 귀결이다.

사실 한국의 수출 대기업들은 사회로부터 상당히 많은 지원을 받으며 성장했다. 지금이야 제 스스로 성장해 세상이 모두 자기 것인 양 하지만, 불과 1950~1960년대만 해도 정부와 사회의 지원 없이 스스로 일어설 수 있는 한국 기업은 단 한

군데도 없었다.

우선 이들 기업은 외국에서 원조받은 자원을 정부가 불하해주는 것으로 성장기반을 닦았다. 외국의 차관을 국가가 일부 기업에 몰아줬고 사실상 독점을 허용해줬다. 또 토지나 공장이나 전기나 석유 같은 인프라와 원자재를 싸게 사용할 수 있도록 해줬다. 세금을 많이 내지 않아도 됐다. 이게 모두 사회의 자원을 집중해 지원하는 과정이었다. 당시에는 워낙 자원이 많지 않았기 때문에 이 정도면 전폭적 지원이라 할 수 있었다. 기업은 그런 자원을 바닥까지 박박 긁어모아 성장했다.

과거 미국에서는 "GM에 좋은 것은 미국에 좋은 것이다"라는 말이 있었다. 비슷하게 한국에도 재벌 대기업에 좋은 것은 대한민국에 좋은 것이라는 인식이 있었다. 그런데 최근 이런 인식이 점점 사라지고 있다. 이유는 분명하다.

기업의 경제적 성과는 대체로 세 가지 경로를 통해 사회 전체에 긍정적 영향을 미친다. 첫째 고용창출과 임금을 통한 분배다. 둘째 주가의 차익 및 배당을 통한 분배다. 셋째 재투자를 통한 기술혁신이다.

우선 일자리 측면부터 살펴보자. 한국의 재벌 계열 수출 대기업에서 일자리가 많이 창출된다고 자신 있게 말할 수 있는 사람은 없을 것이다. 첨단기술 기업일수록 좋은 일자리를 늘리기는 점점 더 어려워지고 있다.

삼성경제연구소가 한국의 2,000대 기업이 지난 10년 동안 어떻게 변모했는지 분석한 보고서를 내놓은 적이 있다. 보고서에 따르면 2,000대 기업의 매출액은 그 10년 동안 815조 원에서 1,711조 원으로 늘었다. 두 배 넘게 커진 것이다. 놀라운 성장이다. 부채비율이 떨어지고 영업이익률도 안정되는 등 재무 건전성도 좋아졌다. 생산성도 높아져 종업원 1인당 매출액이 5억 2,000만 원에서 10억 6,000만 원으로 늘었다. 그런데 충격적인 사실은 그 10년 동안 2,000대 기업의 일자리는 156만 개에서 161만 개로 2.8퍼센트밖에 늘지 않았다는 것이다.

주가 상승과 배당을 통한 분배 역시, 외국인투자자와 재벌 일가를 빼면 혜택받는 사람이 얼마나 있을지 의문이다. 그리고 혁신의 문제가 남기는 하는데, 대기업들의 현금 보유가 사상 최고라는 뉴스는 대기업들이 이 문제에 어떻게 대처하고 있는지를 짐작하게 해준다. 번 돈은 쌓여가고 있고 새로운 투자처는 찾지 못하고 있다. 그 대신에 일가 소유 기업에 투자하고 일감을 몰아주며 지분을 부풀려 재산을 늘리려는 유혹만 커져가는 형국이다. 재벌 대기업에 모험적 기업가정신마저 사라지고 있는 것이다.

두려움을 버려야만 진정한 기업가정신을 가진 기업인이 될 수 있다. 요즘 대기업들, 특히 3세 승계 이후의 대기업들 모습을 보면 오너 일가를 중심으로 두려움에 떨고 있는 듯 보인다.

가진 것을 지키지 못할지 모른다는, 즉 경영권 세습이 안 될지도 모른다는 두려움이다.

그래서 모험적 투자도 이뤄지지 않는다. 기업이 실패하면 물려줄 수도 없기 때문이다. 위험감수와 투자라는, 자본주의 시장경제에서 기업이 갖는 최소한의 임무도 수행하지 않고 있는 것이다. 대형마트가 골목상권까지 진출하고 전통시장 영역까지 침범하면서 위험 없는 이익을 편리하게 늘린다. 반면 신기술이나 고정자산투자는 위험하므로 회피한다. 자본주의 기업 본연의 '자본축적' 임무조차 내려놓은 셈이다.

이런 상황이다 보니 국민들 입장에서는 박수도 쳐주고 희생도 해주며 응원했는데 지금 우리에게 돌아온 게 뭐냐 하는 의문이 생길 수밖에 없다. 그리하여 재벌 대기업에 대한 광범위한 분노로 이어진 것이다. 많이 지원해 키워줬는데, 성공하고 나더니 그 뿌리인 사회를 외면하는 것은 물론이고 기업 본연의 임무조차 수행하지 않고 편하게 먹고살려 한다는 눈총을 받는 것이다.

더욱 분노를 사는 것은 "대형마트 규제는 사회주의" 같은 발언이다. 대기업들 자신은 분명 사회제도의 지원을 받으며 성장했는데, 아직 성장하지 못한 영역에 대해서는 철저히 시장원리를 적용하라고 요구하며 지원이나 규제 정책에 반발하는 것이다. 재벌 대기업들의 지원을 받는 전경련, 자유기업원, 한국경제연구원 등에서 그런 논리를 만들어내 언론에 전파한다. 아직 성장하지 못한 중소기업, 전통시장, 자영업자, 비영리기업, 사회적기업 등에서는 속이 터질 노릇이다.

3당 합당과 맞물리는 기억들

이 모든 것은 1990년대에, 정치적으로는 3당 합당과 함께 시작됐다. 마이카 시대가 본격화된 시기, 대형마트가 들어와 자리를 잡은 시기, 냉장고가 커지고 구멍가게가 사라져간 시기, 해고가 자유로워지면서 평생직장 개념이 사라져간 시기이다. 이들 모두 1990년대를 거치면서 우리 사회 주류로 자리 잡은 현상인 것이다.

이른바 '신자유주의'가 1997년과 1998년 사이, IMF 구제금융 때 본격적으로 도입됐다고 생각하는 사람이 많다. 하지만 지금 열거한 대부분의 변화는 이미 1990년대 초반부터 싹을 틔웠다. IMF 구제금융 프로그램은 거기에 기름을 부었을 뿐이다.

1990년 '3당 합당'이라는 사건이 있었다. 전두환 대통령의 집권을 뒷받침한 민주정의당 소속의 노태우 대통령과, 민주화운동의 리더였던 통일민주당 김영삼 당시 총재와, 박정희 대통령 치하에서 총리를 지낸 신민주공화당 김종필 총재가 함께 민주자유당을 만든 일이다. 세 개의 다른 뿌리를 가진 정당이 합쳐져 새로운 집권세력을 형성했다. 국회 의석수로도 3분의 2를 넘어서는 거대 집권세력이 됐다.

이 세력은 1992년 12월 대통령 선거에서 집권에 성공한다. 김영삼 민주자유당 후보가 대통령에 당선된 것이다. 그러고 나서 곧바로 내세운 구호가 세계화와 선진화였다. 산업화 세력의 적자임을 자처하면서, 동시에 개방과 세계화를 산업화 다음 단계의 의제로 설정한 것이다. 이때부터 사회 각 부문에서 세계화와 선진화 드라이브가 시작된다.

다시 대형마트 이야기로 돌아가보자. 대형마트는 1993년 이마트 창동점이 처음 생겼고 2000년에는 전국에 171개로 폭발적으로 늘어난다. 엄청난 성장이다. 이 시기에 많은 지하철역과 기차역이 민자(民資) 역사로 변한다. 도심에 진출하기 어렵던 대형마트와 유통업체들이 대규모 자본을 투입해 역사를 재개발하면서 거기에 진출하는 전략을 세운 것이다.

그사이 동네 구멍가게는 속속 문을 닫고, 집 안의 냉장고 면적은 넓어진다. 자동차 등록 대수는 1990년대에 열 배가량 늘어난다. 1980년대 말 국민 40명에 한 대 꼴이던 자동차가, 2000년에는 4명에 한 대 꼴로 늘었다.

물론 이런 환경 변화는 자동차를 팔고 냉장고를 팔고 대형마트를 운영하던 기업들에게 축복이었다. 삼성전자와 LG전자는 글로벌 기업이 됐다. 다루는 품목도 텔레비전과 냉장고에서 반도체, 휴대전화, LCD까지 넓어졌다. 현대자동차는 세계 수준의 자동차를 만든다. 이마트와 홈플러스는 한국인의 생활패턴을 바꾸며 거대기업이 됐다.

그럼 우리가 자동차를 사고 냉장고를 사고 주말쇼핑을 하도록 만든 그 기업들에서 일하는 사람들에게는 어떤 변화가 일어났을까?

한국에서는 1970년대 후반부터 공공기관에서 인력 구조조정 차원으로 명예퇴직 제도가 시행되었다. 이후 1990년대 후반에 이르면 이 제도는 기업 전반으로 확대 시행된다. 명예퇴직 대상은 처음에는 정년을 2~3년 앞둔 50대 초중반이었다. 그러나 나중에는 점점 낮아져 근속년수가 15~20년에 해당하는 40대가 주 대상이 됐다. 정년퇴직 때까지 일하는 게 일반적이던 '평생직장'의 나라가 근본적 변화를 맞은 것이다. 이런 사회변화는 이후 IMF 구제금융 체제에서 도입된 '정리해고'와 겹치면서 '사오정(45세 정년)', '오륙도(56세까지 다니면 도둑놈)'라는 자조적 용어로 표현됐다.

그 당시의 전형적인 한국 중산층의 일생을 간단히 정리하면 이렇게 묘사할 수 있겠다.

1. 농촌에서 태어나 성인이 된 뒤 도시로 이주해 직장을 잡는다.

2. 정규직으로 평생 일할 것이라 믿고 다니던 직장에서 40대 중반과 50대 중반 사이에 나가달라는 요청을 받고 고민하다가, 상당 규모의 보상을 받을 수 있다는 점에 끌려 퇴직한다.

3. 자영업 창업으로 '사장님'이 된다.

4. 안정적으로 운영될 것 같던 사업이 새로운 경쟁자의 진입과 경기불황 등이 겹치며 점점 내리막을 걷는다.

5. 개업한 지 몇 년 안 되어 문을 닫고 다시 노동시장에 나서 일자리를 찾지만, 허드렛일을 하는 비정규직 일자리밖에 찾지 못한다.

3당 합당이 만든 새로운 주류세력은 그 뒤 계속해서 한국의 국회, 주류언론, 학계에서 주도권을 놓치지 않는다. 국회만 해도, 노무현 대통령을 무리하게 끌어내리려 했던 탄핵정국에서 치러진 2004년 총선 한 차례를 빼고는 이 세력이 모두 국회 제1당을 차지한다. 산업화 세력은 3당 합당을 통해 형성된 이 세력으로 계승된다.

물론 앞서 1장에서 이야기한 대로, 3당 합당으로 만들어진 이 세력이 특정한 이념을 중심으로 생겨난 것은 아니다. 단지 1970년대 개발독재 시대를 계승하는 세력이면서 동시에 민주화 세력의 집권을 막는 세력으로 만들어진 것이다.

따라서 세계화나 선진화 또는 이른바 '신자유주의'는 이들이 처음부터 염두에 둔 이념이 아니었을 수 있다. 대형마트와 냉장고와 자동차 등과 얽힌 보통 사람들의 삶의 변화도 마찬가지다. 거꾸로 보면 이런 사회변화를 수반하는 이념이 이 세력을 활용한 것일 수 있다. 삶의 이런 변화가 재벌 일가, 대규모 부동산 소유자, 언론과 대기업의 엘리트집단 등의 이해관계와 맞물리면서 이 세력을 더 강화시켰을 가능성이 높다.

어쨌든 우리 삶의 중요한 변곡점은 정치적 사건과 밀접한 연관을 맺고 있다. 당연히 지금의 삶이 다른 방향으로 변화하는 데도 가장 중요한 요소 중 하나는 정치일 것이다. 다만 정치만으로 변화를 만들어내기에는 힘이 부친다. 사회의 변화가 삶의 변화와 함께 맞물려 돌아가야 한다. 삶이 바뀌어야 정치가 바뀐다는 이야기가 그래서 나온다.

싸움터에서 함께 탈출하기

그렇다면 우리는 지금 어떤 사회에서 살고 있는가?

1996년 봄 몇몇 일간신문 사회면에 보도된 짤막한 기사를 살펴보자. 카이스트에서 네 명의 학생이 연달아 자살했다. 세계적으로 촉망받던 교수 한 명도 뒤이어 자살한다. 학교 쪽은 상담과 심리치료 등을 개선책으로 내놓는다.

그로부터 꼭 15년 뒤인 2011년 4월 다시 똑같은 비극이 일어났다. 학생들이 연이어 스스로 목숨을 끊었고, 저명한 교수도 자살했다. 성과 압박에 시달리고 뒤처지는 것을 견디지 못해서다.

그런데 한국사회의 반응은 15년 만에 매우 달라졌다. 연일 일간신문 1면의 톱기사로 실리고, 다른 학교 교수 및 학생들과 사회에 진출한 선배들까지 충격과 슬픔에 잠겼다. "신자유주의적 교육의 비극"이니 "경쟁지상주의 사회가 범인"이니 하는 거대담론까지 등장했다. 한국사회 전체가 카이스트 사태 앞에서 깊이 성찰하는 자세를 보였다.

무엇이 이 차이를 가져왔을까? 15년 전만 해도 이 일을 남의 동네에 일어난 사건사고처럼 다루더니 왜 이젠 공분하고 슬퍼하며 나아가 구조개혁까지 논하는 것일까? 답은 간단하다. 지금은 우리 모두가 그 '카이스트 사회'에 살고 있기 때문이다. 2011년 카이스트에서 벌어진 일은 결코 남의 일이 아니기 때문이다.

뒤처지면 끝이라는 공포는 카이스트 학생들에게만 있는 것이 아니다. 잘나가는 기업을 다니다가도 한순간 회사에서 밀려나 택시운전이나 경비, 청소노동을 하며 살아가는 사례는 이제 흔하다. 중소기업 사장, 의사, 변호사조차 자기사업에 실패하면 거리에 나앉을지 모른다는 공포감에 시달린다. 교수도 기자도 법조인도, 사명보다는 생존을 먼저 고민한다.

교육문제로 들어가면 상황은 더 심각하다. 나는 어떻게든 생존하더라도 내 아이는 내가 경제적으로 뒷받침해주지 않으면 도저히 살아남을 수 없다. 그래서 주머니 사정은 불안하지만 대학교 영어 수업보다도 낯설고 값비싼 영어유치원에 아이들을 보낸다. 자식을 책임지지 못한 부모가 될지 모른다는 공포가 부른 행동이다.

"외국은 더 심하다. 글로벌 경쟁에서 이기려면 이보다 더 열심히 해야 한다. 늘 잘하던 사람도 한번 실패하면 재기불능이 될 수 있다. 실패한다면 그 원인은 당신의 게으름과 무능이다." 카이스트 대학당국이 학생들에게 반복했던 이 메시지는 사실 우리에게도 익숙하다. 우리 모두의 귓가에 늘 울리며 공포를 일상화하는 호통인 것이다. 한번 뒤처지면 그저 뒤처지기만 하는 게 아니라 바닥없는 나락으로 끝없이 추락하게 된다는 공포다.

세상은 이렇게도 팍팍하다. 있는 이에게나 없는 이에게나 삶은 전쟁이다. 회사생활은 늘 동료 혹은 경쟁사와 싸워야 하는 전쟁이다. 아이들 교육도 마찬가지로 죽기 살기로 덤비는 전쟁이다.

모두가 전쟁이다 보니, 진짜 전쟁은 무엇이고 그게 얼마나 비극적인지 잘 느끼지도 못한다. 엄청난 살상이 가능한 전쟁

장비가 텔레비전 화면에 가득하고 북한의 핵무장 기사가 넘쳐나도 사람들은 놀랄 만큼 둔감하다.

현재 우리가 겪고 있는 전쟁을 몇 가지만 꼽아보자. 우선 비즈니스가 전쟁이다. 대기업은 글로벌 기업과 경쟁하느라 힘들다. 자동차 회사는 더 많은 자동차를 팔아야 하고, 전자 회사는 더 나은 스마트폰을 먼저 만들어내야 하고, 대형마트는 더 싼 피자를 더 많이 매장이 가져다 놓고 팔아야 한다. 1초라도 빠르고 1원이라도 값싼 제품만이 살아남고 나머지는 모두 죽는다는 메시지를 모두가 되뇌며 살아간다.

협력업체들은 더 힘들다. 대기업은 납기일을 당기고 가격은 낮추라 한다. 경쟁사는 점점 더 늘어난다. 그러니 밤새워 기술을 개발해도 실상 남는 게 없다. 인생만 더 힘들어진다. 당연히 직원들 월급 올려줄 여유도 없다.

그래서 괜찮은 청년들은 이제 중소기업에서 일자리를 찾지 않는다. 악순환이다. 협력업체에 납품하는 2차, 3차 협력업체는 당연히 더 힘들다. 대형마트와 경쟁해서 살아남아야 하는 슈퍼마켓들도 비슷하다. 점원 월급 올려주는 건 언감생심이다.

힘들게 살다보니 어려운 사람들끼리도 서로 더 강퍅해진다. 정규직 노동자는 비정규직 노동자에게 너그럽기 어렵다. 자기가 다니는 회사도 늘 불안한 줄 위에서 곡예 중이고 자기 미래 또한 불안한데 왜 비정규직 이웃까지 챙겨야 하느냐는 생각이 들 법하다. 비정규직 노동자가 실업자에게 너그럽기는 더 어려울 것이다. 동네 슈퍼마켓과 편의점 주인이 점원과 청년 아르바이트생에게 너그럽기 어려운 것과 마찬가지다.

정말 속 터지는 일은, 이미 우리 경제는 산업화에 성공했고 대기업들은 태극기 휘날리며 영광의 시대를 누리고 있다는 사실이다. 경제학은 효용, 즉 마음속 행복을 경제의 궁극적 산출물로 본다. 그런데 이상하게도 우리 경제는 이만큼이나 성장했는데도 행복과 평안을 가져다주지 못하고 있다.

모두 이기려 들지만 결국 누구도 이기지 못하는 악마의 게임에 빠져든 것은 아닐까? 이 게임이 바로 현재의 대한민국을 지배하는 이념, '먹고사니즘'의 게임이다. 이런 공포와 불안이 2012년 대통령 선거 결과도 갈랐다.

그러나 아무리 싸워도 공포는 사라지지 않는다. 이기고 또 이겨도 불안하다. 당연하다. 이런 종류의 공포나 불안은 원래 혼자 살아남는다고 없어지지 않는다. 다들 아무리 열심히 공부해서 1등을 하더라도 카이스트의 문제는 해결되지 않는다.

스스로 목숨을 끊을 정도로 절망하는 사람이 생기지 않는 사회는 모두가 1등을 하는 사회가 아니다. 1등을 하는 것보다 더 중요한 가치가 있는 사회, 즉 경쟁과 생존이 아닌 신념과 보람이 삶의 동기인 사회가 되어야 한다. 1등을 하는 것, 뒤처지지 않는 것, 생존하는 것이 최고의 가치인 한 '먹고사니즘'이

지배적 이데올로기일 수밖에 없다. 모두가 생존을 덜 고민하는 사회로 한 걸음 나아가는 것이 오히려 우리 시대의 진보다.

산업화도 민주화도 지금의 문제를 해결해줄 수는 없다. 먹고사는 문제나 정치적 민주화가 지금 우리 삶의 핵심과제는 아니기 때문이다. 새로운 가치와 동기를 발견하는 일이 지금 우리에게 가장 절실한 일이다. 역설적이게도 '먹고사니즘'의 밑바닥에는 먹고사는 것만으로는 해결될 수 없는 문제가 짙게 드리워져 있다.

미래 사회의
코드

나의 고향이자 현재 내가 살고 있는 서울에는 삼성전자나 현대자동차 같은 글로벌 기업의 본사가 여럿 있다. 자랑스러운 일이다. 그러나 나는, 내 고향이 몇 분만 걸어가면 안전한 먹거리를 살 수 있고, 주말이면 동네 주민들과 더불어 동호회와 자선 바자회를 열 수 있고, 아이들이 방과 후 어울려 놀 공원이 있고, 아이와 함께 걸어가 책을 빌릴 수 있는 도서관이 있는 공동체라면 더욱 자랑스러울 것 같다. 그 모두를 누릴 여유가 내게 있다면 자랑스러움을 넘어 사랑스러울 수도 있을 것 같다.

물론 그러려면 여러 가지 조건이 충족돼야 할 것이다. 우선 정부로부터 시작되는 조건이 있다. 충분한 수의 공원과 도서관이 있어야 한다. 아이들이 방과 후 학원에 가는 대신 어울려 놀 수 있도록 경쟁이 완화되어야 하며, 그러려면 교육제도부터 바꿔줘야 한다. 주민들이 어울려 회의를 하고 바자회를 하고 문화행사를 할 만한 공간 등이 지원되면 더욱 좋겠다. 또 소득을 얻을 기회가 충분히 제공되어 생계에 어려움을 겪는 사람이 최소한으로 줄어야 할 것이다.

이뿐 아니다. 동네 상권으로부터 시작되는 조건도 만족돼야 한다. 동네에 가게가 있어야 하며, 그곳이 안전한 먹거리를 살 수 있는 믿을 만한 곳이라야 한다. 대형마트는 골목상권을 침범하지 말아야 하고, 학원들은 돈벌이에 너무 혈안이 되지 않아야 한다.

또 다른 조건도 있다. 나로부터 시작되는 조건이다. 내가 일찍 퇴근할 수 있어야 한다. 주말에는 쉴 수 있어야 한다. 동네 주민들과 어울리고 아이들과 보낼 시간이 필요하기 때문이다. 아이가 어릴 때는 잠시 일을 쉬다가 다시 취직할 수도 있어야 하고, 동네 행사에 참여하기 위한 휴가를 낼 수도 있어야 한다. 자선바자회에 물건이나 돈을 기꺼이 기부하고 자원봉사를 할 자세도 되어 있어야 한다. 마을공동체를 위해 헌신할 준비가 되어 있어야 하고, 그런 공동체가 많아져야 한다.

사랑스러운 도시가 되려면 이런 여러 가지가 필요하다. 어찌 보면 우리가 꿈꾸는 삶은 그 방향이 비슷하다. 우리 사회는 산업화와 민주화를 이루며 쉼 없이 달려왔다. 정치적으로는 끊임없이 싸워서 시민의 권리를 늘려왔고, 경제적으로는 정신없이 땀 흘리며 나라의 부를 늘려왔다. 싸우고 땀 흘리며 힘겨운 한 시대를 지나왔다.

지금 우리가 원하는 삶의 방향은 어디일까? 앞에서 말한 '사랑스러운 도시'의 삶이야말로 우리 사회가 집단적으로 꿈 꿀 수 있는 새로운 의제가 아닐까?

지금 우리에게 필요한 변화

과거 산업화 시대의 성장모델은 경제적 부를 늘리는 데 치우 쳐 있었다. 인권이나 사회적 가치, 생태보전이나 탄소저감 같 은 환경적 가치는 뒷전으로 밀렸다. 심지어 그런 가치를 파괴 하면서 성장했다. '먹고사는' 문제에서 '먹는' 문제를 해결하 느라 '사는'문제를 파괴한 꼴이다.

이제 돌아봐야 할 시점이 됐다. 무작정 성장하기만 한다고 행복해지지는 않는다는 사실은 이미 입증됐다. 경제는 성장 했는데 삶은 피폐해진 상황, 나라와 대기업은 커지고 강해지 는데 개인은 약해지는 상황이 이를 뒷받침한다.

대안은 뭘까? 그 핵심에는 '지속가능성(sustainability)'이라는 개념이 있다. 경제·사회·환경이 균형 있게 발전하는 새로운 모델을 만드는 것이다.

지속가능성이란 경제·사회·환경의 세 영역을 균형 있게 발전시키는 새로운 성장모델이다. 실제로 우리 삶은 이 세 가지 영역의 균형 아래 지속된다. 경제적 수입도 물론 중요하다. 하지만 아무리 경제적으로 부유해도 빈부격차, 인권침해, 부패 등의 문제 때문에 사회적으로 지속가능하지 않게 된다면 우리 삶은 성장할 수도 계속될 수도 없다. 또 지구환경이 파괴되어 우리가 살고 있는 공간이 사라진다면 당연히 우리 모두의 삶은 종말을 맞는다.

문제는 이 세 가지 영역 사이에 존재하는 긴장이다. 경제적으로 성장하면서 사회문제가 악화되거나 환경이 파괴되는 장면을 우리는 너무나 많이 목격했다. 그런 긴장과 갈등을 균형 있게 조정하면서, 세 영역 중 어느 것도 파괴되지 않으면서 전체가 진보하도록 조율하는 것이 정치와 시민사회의 역할이다.

어렵게 생각할 필요가 전혀 없다. 평일이면 새벽부터 밤늦게까지 일하고 주말이면 대형차를 몰고 대형마트에 가서 평일에 번 돈을 엄청난 양의 쇼핑으로 쓰는 삶을, 다른 어떤 것으로 바꾸면 된다. 경제 수준에서의 지속가능성이 사회환경 가치와 균형 있게 발전하는 새로운 성장모델이라면, 개인의 삶 수준의 지속가능성은 덜 일하고 덜 쓰더라도 더 여유 있고 더 의미 있게 사는 새로운 삶의 모델이다. 선진국 국민의 삶이 바로 이렇다고 생각하면 된다.

그렇게 되려면 사회 전체가 장기적 관점에서 좀 더 유연하게 운영되어야 하며, 권한과 책임은 좀 더 각 지역으로 분산되어야 한다. 세상을 개인의 이익을 극대화하려 싸우는 단기적 제로섬 게임의 장으로 보는 관점에서 벗어나야 한다. 함께 장기적 계획을 세움으로써 공동의 이익을 키우고 더 오래 지속시킬 수 있다는 관점을 채택해야 한다.

2008년 글로벌 금융위기 이후 세계경제에 어떤 일이 일어났는지를 보면 이는 더욱 명확해진다. 세계경제는 근본적 변화가 일어날 수밖에 없는 국면으로 접어들었다. 지금 세계가 맞닥뜨린 위기는 무모하게 투자하고 지나치게 써버려서 맞은 위기다. 재정위기란 결국 국가가 지나치게 많이 빌린 돈을 써버린 뒤 갚을 방법이 막막해진 위기다. 금융위기는 금융사들이 무분별하게 투자한 뒤 회수하지 못할 위험이 커져서 생긴 위기다. 후손들의 자원을 당겨 써버린 셈이다.

투자와 소비를 줄여 빚을 갚는다고 해서 문제가 해결되는 것은 아니다. 자칫 대공황 같은 사태로 번지면서 삶의 질이 오히려 과거로 돌아갈지도 모른다. 한편 대규모투자-대량생산-대량소비 체제를 유지하기도 어렵다. 빚을 내서 소비하고 위험을 가리지 않고 무분별하게 투자하는 경제로 돌아갔다가는 거품만 키울 뿐이다. 따라서 투자와 소비를 일으키되 환경·고용·지역공동체의 가치를 담는 방향으로 갈 수밖에 없다. 경제·사회·환경을 균형 있게 고려하는 지속가능한 발전이 유력한 발전모델이 된 것이다.

중국도 국가와 시장 사이의 새로운 패러다임을 찾고 있다. 유럽에서도 단기적 투자수익률을 절대선으로 여기던 자본주의 패러다임이 근본적 변화를 겪고 있다. 한국은 1960년대 이래 국가가 계획하고 통제하는 경제를 운용하다가 1990년대 이후에는 시장을 메시아로 삼았다.

이제 '지속가능성'이라는 새로운 패러다임을 고민할 때가 됐다. '먹고사니즘'의 문제를 넘어서면서, 산업화와 민주화 이후 한국사회가 함께 추진할 수 있는 의제가 바로 지속가능성이다.

그럼 우리 삶의 지속가능성과 사회의 지속가능성을 동시에 높이려면 무엇을 해야 할까? 그 방법으로 나는 사회혁신(social innovation)을 제시한다. 사회혁신이란 사회문제를 해결하기 위한 새로운 방법을 뜻한다. 영역이나 사회적 맥락에 따라 그 내용은 다양할 것이다. 지속가능성이 한국사회가 가야 할 방향이라면, 사회혁신은 그 방향으로 한 걸음 내딛는 방법이다.

그렇다면 구체적으로 지금 한국사회에서 지속가능성을 높이기 위해 필요한 혁신은 무엇일까? 기업, 비영리단체, 교육, 미디어 등 사회 각 분야에서 필요한 새로운 변화와 그 가능성을 짚어보자.

경제민주화란 무엇인가

우리의 경제적 삶을 변화시키는 의제를 정책적으로 이야기한 것이 경제민주화라는 개념이다. 1987년 개정된 헌법에 '경제의 민주화'라는 표현이 들어 있다는 데서 출발해, 어느덧 산업화와 민주화 세력 모두 그것을 수용하는 단계까지 논의가 진전되었다.

앞서 지적했듯이, 나는 '경제민주화'라는 명칭이 썩 잘 붙인 이름은 아니라고 생각한다. 오히려 '민주화'라는 단어가 붙은 탓에 손해를 보고 있다는 판단이다. 게다가 얼핏 들으면 좀 혼란스러운 개념이기도 하다. 그러다보니 같은 말이 상반된 방향으로 이해되기도 한다.

경제민주화는 무엇인가? 단순히 재벌을 징벌해야 한다는 이야기인가? 많이 가진 자의 것을 일단 나눠 먹자는 이야기인가? 단순히 그런 이야기는 아닌 것 같다.

경제민주화는 지금의 경제시스템을 근본적이고 구조적으로 바꾸자는 이야기일 것이다. 그 방향은 두 갈래로 정리해볼 수 있다.

우선 재벌 대기업을 상대로 오랜 시간 직접 싸워온 재벌개혁 전문가들 이야기를 들어보자. 이들이 말하는 경제민주화의 핵심은 재벌 대기업의 지배구조를 바꾸는 것이다.

기업은 원래 사회적 존재다. 기업을 경영할 때는 대주주뿐 아니라 소액주주·노동자·지역사회 등 다양한 이해관계자의 의견을 균형 있게 반영해야 한다. 그런데 재벌기업 총수 개인은 작은 지분으로 대기업집단 전체를 지배하면서, 본인의 이익과 기업의 이익을 구분하지 않으며 전횡을 저지르고 있다는 게 재벌 비판의 요지다.

그리하여 대기업이 중소기업의 영역이나 골목상권을 침범하는 문제도 생겨난다고 한다. 재벌 일가의 지분을 지키고 부를 부풀려 세습해야 한다는 동기가 너무 강해서, 오히려 외부 주주가 지배하는 기업보다 더 탐욕스럽게 사업을 확장한다는 말이다. 특히 재벌 일가에 일감 몰아주기 등을 통해 부를 부당하게 물려주는 행태가 나타나기도 한다. 이런 불공정행위를 막는 것이 경제민주화의 핵심요소가 된다.

한편《무엇을 선택할 것인가》를 공동집필한 장하준 케임브리지대 교수는 '기업의 사명'이라는 문제를 제기한다. 원래 기업은 한 사회의 생산과 1차 분배 기능을 해야 한다. 새로운 제품과 서비스를 생산해서 소비자의 편익을 늘리고, 거기서 생긴 과실을 임금을 통해 분배하는 것이다. 그런데 주주의 단기 이윤을 극대화하는 데만 골몰해 고용을 통한 1차 분배에는 소홀히 하게 되고 혁신조차 사라지고 있다는 이야기다. 주주의 이익을 늘리느라 오히려 해고를 일삼고 혁신이 지체된 증거도 내세운다.

이런 관점에서 바라보는 이들은, 경제민주화를 한다며 재벌만 해체해놓으면 더욱 큰 문제가 불거질 수 있다며 우려한다. 그렇게 되면 재벌 일가 대신 주로 외국인인 주주들이 기업을 지배하게 될 텐데, 이들은 이윤극대화라는 동기가 재벌 일가보다도 클 수 있어서다. 재벌 일가는 기업을 세운 당사자들이라 아무래도 기업 자체를 유지하는 데도 관심이 높다. 그리고 한국사회의 일원이라는 의식도 어쨌든 갖고 있기 때문에 정부와 사회의 압력을 신경 쓰지 않을 수 없다. 그러므로 조금 더 장기적 관점으로 사회여론에 반응하면서 경영을 해나갈 수 있다. 하다못해 골목상권 침범도 여론이 나쁘면 물러날 가능성이 있다.

사실 양쪽의 견해가 모두 필요하다. 한쪽의 이야기에서 우리는 경제민주화의 핵심이 기업지배구조에 있다는 사실을 배운다. 한 사람이 폐쇄적으로 경영하는 기업을 다양한 이해관계자가 참여하며 투명하게 경영하는 기업으로 바꾸는 게 경제민주화라는 것이다. 다른 쪽 이야기에서 우리는 경제민주화의 핵심이 기업의 사명을 넓히는 데 있다는 점을 배운다. 단기적 주주이익에 매몰된 기업들이 원래의 목적인 고용과 혁신, 사회적 책임 등을 되새기도록 하는 게 또한 경제민주화다. 기업 이사회 구조의 개혁, 대기업집단 통제구조 구축과 순환

출자 규제 강화, 연기금 사회책임투자, 공시제도 강화 등이 이
를 이루는 수단이 될 수 있을 것이다.

사회적 경제에서 찾는 희망

'경제민주화'를 통해 재벌 대기업이 투명해진다고 하자. 공정
거래가 제도적으로나 문화적으로나 정착됐다고 하자. 골목
상권에 거대기업이 들어와 싹쓸이하는 풍토가 사라졌다고 하
자. 그러면 문제는 모두 해결된 것일까?

여전히 허전하다. 대안이 부족해서다. 동네 부자가 투자해
운영하는 동네 슈퍼마켓이 과연 대형마트의 대안일까? 그 슈
퍼마켓은 주민들의 건강을 대형마트보다 더 잘 지켜줄까? 중
소기업 소유주는 재벌총수보다 투명한 사회책임 경영을 할
까? 그곳에서 일하는 노동자는 대기업 노동자보다 주인의식
을 가지고 행복하게 일할 수 있을까? 그렇게 녹록하지는 않아
보인다. 그래서 혼란스럽다.

사명과 지배구조의 변화라는 두 가지 핵심이 처음부터 반
영된 사회적 경제조직이 주목받는 것은 그래서다. 대기업을
구조적으로 개혁해 덜 탐욕스럽고 더 투명하게 만드는 게 경
제민주화의 출발점이었다면, 이때 생긴 공간에 처음부터 사

회적 사명과 민주적 운영원리를 가진 기업들이 들어서게 하는 것은 사실상 경제민주화의 결승점이어야 한다.

사회적기업은 기업의 사회적 책임을 넘어서서 사회문제 해결을 사명으로 삼는 조직이다. 처음에는 이윤극대화를 추구하다가 나중에야 필요에 따라 사회에 기여하겠다며 나서는 기업을 일컫는 말이 아니다. 출발부터 그 목적 자체가 사회문제 해결이고, 그 방법 중 하나로 사업활동을 선택하는 곳을 사회적기업이라 부른다.

협동조합은 주주 아닌 구성원이 참여하는 민주적 지배구조를 조직운영의 핵심으로 삼는다. 생산자나 소비자가 모여 유통업체를 만든 게 생활협동조합이다. 농민이 모여 만든 게 농업협동조합이다. 기존의 주식회사가 1원 1표의 원리로 운영되며 지분을 많이 가진 사람이 지배하는 구조라면, 협동조합은 1인 1표의 원리로 운영된다.

사회적 경제란 사회적기업이나 협동조합처럼 이윤극대화 이외의 다른 가치를 추구하는 조직들이 참여하는 경제다. 경제면 경제지, 웬 사회적 경제냐고? 경제는 원래부터 '사회적'이었다. 먹고사는 문제란 원래는 공동체 안에서 여러 사람 사이의 관계를 통해 해결되는 것이기 때문에 그렇다. 시장이나 거래 역시 사람들 사이의 관계 맺는 방식을 규정하는 것이다.

사회적 경제는 결국 원래 목적에 충실한 경제다. 원래 경제의 목적은 돈이 아니라 실물이다. 화폐는 실물을 표현하고 거래하기 위한 수단으로 등장했을 뿐이다. 그런데 그 수단이 점점 권력을 얻어 목적처럼 여겨지는 왜곡이 일어나고 있다. 화폐를 더 많이 얻는 것이 경제적으로 성공하는 것처럼 여겨지는 풍토가 그것이다. 화폐보다는 실물이 더 중요한데도 그렇다는 이야기다.

또다시 빵집의 예를 들어보자. 빵집이 동네에 있는 이유는 빵을 원하는 동네 사람들이 쉽게 먹을 수 있게 해주기 위해서다. 동네 사람들이 원하는 빵을 적시에 공급하는 게 빵 생산자가 맡은 본래의 사회적 기능이다. 그런데 자본주의 사회에서는 빵 생산자의 동기가 다양한 빵의 공급이 아니라 이윤극대화다. 특히 현재 자본주의 사회의 지배적 경제조직인 주식회사라면 더욱 그렇다. 이윤이 더 많이 남는 빵을 집중적으로 만들어 파는 게 합리적이다. 그 빵이 동네 사람들의 입맛이나 건강상태에 잘 맞느냐는 나중 문제다.

하지만 원래 목적대로 동네 사람들이 좋아하는 빵을 적절히 공급하는 것이 목적인 빵집이 있다면, 그 빵집은 조금 다르게 운영될 것이다. 동네의 필요에 따라 저가의 빵도 만들고 이가 좋지 않은 어르신들을 위해서는 '부드러운 빵'을 공급하고자 노력할 것이다.

그리고 이윤극대화는 필요 없다. 적정한 수준으로 빵집을 유지할 수 있기만 하면 될 것이다. 빵집 주인과 함께 일하는 이들이 벌어먹고 살 정도의 수준을 목표로 운영할 것이다. 이런 빵집은 주식회사와는 조직이 운영되는 논리가 다르다. 이윤극대화 동기가 아닌 또 다른 동기로 움직이는 조직이 바로 사회적 경제조직이다.

이렇게 되면 대형마트나 개인이 운영하는 동네 슈퍼마켓 대신에 주민들이 자발적으로 결성한 생활협동조합이 마을 유통의 중심에 설 수 있을 것이다. 예컨대 해외여행도 옵션이 많이 달린 기존 여행사의 패키지상품 대신 현지 사정에 밝고 주민들에게 도움이 되는 방식의 여행을 권하는 공정여행 서비스를 제공하는 사회적기업을 통해 이뤄질 수 있을 것이다.

다행히도 싹이 보인다. 협동조합기본법이 2012년 12월 발효됐다. 자본이 아니라 사람이 주인인 기업을 설립해 사업하는 일이 쉬워진 것이다. 서울시 등 각 지방자치단체에서는 사회적 경제와 관련해 각종 지원 정책을 마련 중이다. 경제에 새로운 불씨가 될 수 있는 일들이다.

가끔 사회적 경제도 경제인데 왜 정부가 지원하느냐고 묻는 사람이 있다. 또 정부가 지원하는 사회적기업은 의존적이라 희망이 없다는 이야기도 나온다. 이런 이야기를 하는 사람들에게 나는 한국 정부가 그동안 펼친 산업정책이 어떤 것이었는지 한번 떠올려보라고 이야기하고 싶다.

사실 우리나라에서 정부 지원을 가장 많이 받은 사업체는 다른 어느 곳도 아닌 재벌 대기업이다. 그들의 모든 성공은 국가가 나서서 차관을 얻음으로써 시작됐다. 정부는 냉전 시기에 한쪽 편을 들어준 대가로 미국에서, 과거 식민지배를 없는 일로 해준 대가로 일본에서 각종 원조를 받았다. 그 돈이 제철소와 자동차공장과 고속도로에 투입됐다. 독과점도 유치산업(幼稚産業)이라는 이유로 은근히 옹호됐다. 외국에서는 싸게 파는 물건을 국내에서 오히려 비싸게 파는 관행도 보호됐다. 이게 모두 국민의 자원을 투입한 것이고, 이런 투입은 대부분 현재 재벌 대기업들이 성장의 발판을 닦는 데 큰 역할을 한다. 눈물로 얻은 해외원조와 피땀 흘려 모은 세금으로 국가대표를 키운 셈이다.

지금도 기업활동에는 많은 사회적 자원이 투입된다. 국가의 연구개발 예산은 여전히 상당 부분 대기업에 지원된다. 대기업 경영만이 아니라, 중소기업에도 기술벤처기업에도 엄청난 액수의 금융과 인프라 지원이 투입된다. 모두 세금이 사용되는 일이다.

이처럼 과거 한국에서는 미래에 필요하다고 판단되는 산업에 세금을 투입하는 방식으로 산업정책을 펼쳤다. 50여 년 전 재벌 대기업은 대부분 정부 의존적이었다. 하지만 지금은 그들 대부분이 글로벌 대기업으로 성장했다. 정부가 지원한다고

해서 무조건 의존적이고 나쁘다는 생각은 최근 시장만능주의
와 함께 우리 머릿속에 입력된 잘못된 신화일 뿐이다.

중요한 것은 지금이다. 지금 어떤 판단을 내리느냐다. 사회
적 경제가 한국의 미래에 중요한 역할을 할 것인가에 대한 답
을 찾으면 된다. 한동안 국가대표를 키우는 데 자원을 투입했
으니 이제는 동네 축구장도 만들고 동네 축구팀도 만드는 쪽
으로 자원을 돌리자는 판단이 든다면 그렇게 하면 되는 문제
다. 지속가능성이 우리 사회의 목표라면 사회적 경제는 잘 맞
는 파트너다. 집중적으로 자원을 투입할 필요가 있다.

그렇지 않아도 사회적 경제는 기존 기업들과 같은 출발선
에 서 있지 않다. 생산능력이나 상품의 질 때문이 아니다. 시
스템 때문이다.

자본주의 사회에서는 금융시스템에 대한 접근권이 승부를
가른다. 물론 확보한 자금을 효율적으로 써야만 궁극적으로
경쟁에서 이길 수 있겠지만, 어쨌든 출발선 자체가 매우 다른
게임이다.

사회적 경제조직들도 다른 출발선에 서 있다. 이윤극대화
가 절대적 목표가 아니기 때문에 투자자들에 대한 접근권은
현저히 떨어질 수밖에 없다. 따라서 이런 출발선을 메워주는
적절한 지원정책이 꼭 뒤따라야 한다. 사회적 경제에 맞는 금
융이 필요한 것은 물론이다.

빌 클린턴 전 미국 대통령은 2012년 1월 영국 〈파이낸셜 타임스〉에 "자선만으로는 세계의 문제들을 풀지 못할 것이다"라는 말로 시작하는 칼럼을 썼다. 자본주의가 경제성장만이 아니라 사회진보를 동시에 고려하며 움직여야만 세계의 산적한 문제들을 풀 수 있다는 의미다. 즉 자본주의는 그 핵심인 '이윤극대화를 통한 자본축적'이라는 동력을 근본적으로 바꾸지 않으면 지탱할 수 없는 지경에 이르고 말았다는 것이다.

자연재해로 폐허가 된 아이티를 재건하는 과정에서 기업들이 공장을 지으면서 학교를 함께 짓고 문화유산을 재건하는 일을 병행하는 장면에서 클린턴은 교훈을 찾는다. 퇴임 후 적극적 자선활동을 펼치는 과정에서 결국 다다른 생각일 것이다. 즉 단순히 부자와 대기업이 자선활동으로 지금의 사회문제들을 해결하는 데는 한계가 있다는 뜻이다.

현재 자본주의가 비판받는 것은 경제성장과 부의 양적 증대는 달성했지만 그 부가 1퍼센트의 성 안 사람들 사이에서만 맴돌기 때문이다. 그 부는 99퍼센트의 성 밖 사람들에게는 흘러나오지 않는다. 또한 성 밖 사람들이 성벽을 넘어 성 안으로 진입하기가 거의 불가능하다. 실제로 '삶의 질'은 기업의 경쟁력과 상충된다. 더 많은 임금과 더 높은 인권수준은 효율성을 떨어뜨린다. 자본주의의 딜레마다.

클린턴의 글에서 힌트를 얻어 말하자면, '사명이 다른 기업'

에 희망이 있다. 그런데 지금 성 안에 있는 글로벌 기업들은 어느 정도 변화는 가능하겠지만 근본적으로 변할 가능성은 희박하다. 클린턴의 희망은 사회적 경제조직들처럼 애초 사명 자체가 다른 조직에서 구현될 가능성이 높다. 말하자면 성 밖에서 경제활동을 펼치는 것이다. 한국경제의 미래의 싹을 만들어내기 위한 혁신은 성 밖의 사회적 경제로부터 먼저 나올지 모른다.

착한 소비의 욕구

사회적 경제에 필수적인 또 하나의 요소는 '착한 소비자'다. 이들은 물건을 살 때 좀 더 사회적으로 책임 있는 기업의 물건을 먼저 고르는 소비자들이다. 값이 비슷하다면, 또는 좀 비싸더라도, 공정무역이나 저탄소 제품처럼 환경적으로나 사회적으로 의미 있는 제품을 고르는 것이다. 대형마트에서 쇼핑하는 대신 동네 생활협동조합에서 물건을 사고, 사회적기업 제품을 일부러라도 사보는 것이다.

이런 능동적 소비자들의 행위를 일컬어 "소비는 투표"라고 이야기하기도 한다. '윤리적 소비(Ethical Consumption)'나 '사회책임 소비(Socially Responsible Consumption)'라는 용어로 설명하기도 한다. 소비자가 선택하는 물건의 속성과 그것을 만든 기업에 따라 세상이 바뀐다는 이야기다.

기업의 적응력이 얼마나 빠른가. 소비자가 바꾸면 기업도 곧바로 반응하기 마련이다. 이런 소비자가 늘어난다면 생필품과 체험이 중심이 되는 자연친화적 제품을 기업들이 더 많이 내놓을 유인이 생긴다. 자연친화적 제품, 소비자에게 진정한 행복을 가져다주는 제품을 내놓는 기업이 생겨나고 그들이 점차 돈을 벌면 경제 전체에 낭비가 줄게 된다. 궁극적으로는 경제성장률과 사람들의 행복 사이의 괴리가 줄어든다.

그런데 환경을 보호하고 사회적 약자를 존중하는 '착한 제품'을 쓰는 소비를 두고 이야기하다 보면 꼭 돌아오는 반문이 있다. 왜 자꾸 자연스러운 인간의 욕망을 억누르라고 하느냐는 것이다. 하지만 이런 반론 역시 놓치는 게 있다. 사람의 욕망은 매우 다채롭다는 사실이다.

결국 문제는 우리 사회가 매우 제한된 욕망만 충족시키도록 허용하거나 강제한다는 점이다. '착한 소비'를 하자는 이야기는 소비자의 욕구를 억누르자는 이야기가 아니다. 오히려 다양한 소비자의 욕구가 충족될 수 있도록 시스템을 갖추자는 말이고, 그런 시스템이 갖춰지도록 하려면 소비자의 적극적 행동이 필요하다는 이야기다.

한 소비자가 퇴근길에 아이가 먹을 과자를 사야겠다는 마음을 먹었다고 생각해보자. 가능하면 유기농 재료를 사용해 사회적기업에서 생산한, 그리고 생활협동조합을 통해 유통시키는 제품을 사고 싶었다. 하지만 퇴근길에 그런 곳을 찾을 수 없다면? 그런 제품을 파는 곳까지 가려면 귀가시간이 너무 늦어져 아이와 같이 과자 먹을 시간이 없어질 것 같다면? 결국 대기업이 만든 제품을 대기업 프랜차이즈 편의점에서 사게 될 것이다.

대형마트에서 쇼핑을 하고 싶고 고가의 스마트폰을 사서 게임을 하고 싶은 게 소비자의 욕구라면, 아이에게 건강한 먹거리를 사주고 가능하면 착한 기업에서 만든 제품을 사고 싶은 것도 소비자의 욕구다. 선한 욕구다. 그렇다면 이런 욕구를 실현할 수단이 공평하게 주어지지 않는다는 게 문제다. 스마트폰과 대형마트 홍보물은 어디를 가나 넘친다. 그러나 사회적기업이 만든 제품과 생활협동조합 매장은 찾기조차 힘들다. 개별 제품의 경쟁력 문제가 결코 아니다. 앞서 지적한 대로, 금융을 포함한 시스템의 문제다.

과거의 "잘살아보세"라는 구호는 더 많이 벌고 더 많이 쓰고 싶다는 양적 성장 시대의 욕망을 대변한다. 그 후 시대가 크게 바뀌었지만 제도는 여전히 그 안에 갇혀 있다. 더 많이 수출하고 더 많은 이익을 남기려는 대기업의 욕망은 여전히 우리 사회가 매우 강력히 권장하는 욕망이다. 미디어도 금융도 이런 욕망을 강하게 지지한다.

반면 취약계층을 더 많이 고용하려는 사회적기업가의 욕구나, 유기농산물을 더 많이 보급하고 싶어하는 농민의 욕구는 지지받지 못한다. 그런 탓에 착한 기업의 제품을 사고 싶은 소비자의 욕망도 구현되기 어렵다.

경영학에 '진실의 순간(moment of truth)'이라는 개념이 있다. 소비자가 기업이 제공하는 제품과 서비스에 대한 인상을 받는 순간을 가리키는 말이다. 마찬가지로 '욕망의 순간'이라는 것도 있을 수 있겠다. 사람은 늘 욕망의 순간을 맞는다. 그런데 대기업의 이윤추구에 도움이 되는 욕망은 쉽게 실현되는 반면 그 외의 다른 욕망은 구현방법을 찾지 못해 쉽게 사그라진다. 욕망은 그런 식으로 획일화된다.

지속가능한 사회로 가는 길은 욕망의 다양성을 인정하는 과정일지 모른다. 사회적기업이나 협동조합을 적극 보호하고 지원하는 제도가 필요한 이유도 여기 있다. 스마트폰을 갖고 싶은 욕망만큼이나, 유기농산물과 '착한 제품'을 소비하고 싶은 욕망 또한 실현할 기회가 충분히 주어져야 한다. 그런 다양한 욕망을 채워줄 수 있는 시스템을 만들어가는 일 역시 사회혁신이다.

NGO와 MBA가 만난다면

MIT의 경제학자인 레스터 서로(Lester Thurow) 교수의 강의를 두 학기에 걸쳐 들은 일이 있다. 그는 세계화를 강력하게 지지하는 주류 경제학자다. 시장을 믿으며 효율성을 중시하는 사람이다. 그런 그가 강의실에서 난감한 표정을 지었다. "풀리지 않는 퍼즐이야. 미국 의료의 질이 높다고 하는데 효율성을 따지면 미국이 늘 비판하는 유럽 국가보다 엄청나게 뒤떨어지거든. 정부재정도 몇 배나 더 들어가고 있다고."

한국에서 영리병원을 도입해야 한다는 목소리가 높다. 최근에는 경제자유구역에 영리병원이 허용되기도 했다. 영리병원이 필요하다는 논리는 세 가지로 요약된다. 첫째, 경쟁으로 의료의 질을 높인다. 둘째, 만성적자에 시달리는 병원의 경영을 정상화한다. 셋째, 외국이나 대기업에서 대규모의 신규 투자를 유치해 의료계 전체를 질적으로 도약시킨다.

이런 이야기를 들을 때마다 나는 서로 교수의 난감한 표정이 떠오른다. 미국은 영리병원 비중이 18퍼센트나 되고 이 병원들은 세계적 수준의 의료진과 설비를 자랑한다. 그런데 그 나라를 대표하는 주류 경제학자는 왜 그렇게 한숨을 지었을까?

영리병원을 바라보는 시선에는 '주식회사'로 대표되는 영리법인에 대한 오해와 환상이 함께 묻어 있다. 우선 흔한 오해부터 풀자. 영리법인과 비영리법인의 차이는 잉여의 분배방법이다. 경영효율성이 아니다. 비영리법인이라고 해서 효율적으로 경영하지 못하란 법은 없다. 제대로 보수를 주고 전문가를 고용해 경영을 효과적으로 하면 그들 역시 영리법인 못지않다. 사업을 벌여 돈을 벌지 말라는 법도 없다. 서비스를 잘 구성해 고객을 찾아 팔면 된다.

차이는 단지 배분시스템에 있다. 주식회사는 잉여가 생기면 궁극적으로는 주주에게 배분하는 게 원칙이다. 비영리법인은 잉여가 생겨도 소유주에게 배분하지 않는다. 법인의 사명을 위해 사용하는 것이 원칙이다. 설립자도 후원자도 이사진도 직원도 비영리법인의 잉여를 가져가지 못한다.

그러니 의료의 질이나 경영의 수준 때문에 영리병원이 필요하다는 논리는 오해에서 출발한 이야기다. 그게 문제였다면 영리법인 이야기를 꺼낼 게 아니라 효과적인 경영시스템이나 경영자의 자질 문제를 꺼내는 게 맞다. 비영리법인도 얼마든지 경쟁하면서 효율성을 높여 제품과 서비스의 질을 높일 수 있기 때문이다. 영리법인이 되면 경영이 정상화되고 적자가 메워질 것이라는 기대도 오해다. 주식회사라고 해서 돈 버는 데 날고 기는 재주는 없다.

다만 영리법인이 외부의 투자를 받기는 더 수월할 수 있다. 투자하면 큰돈을 단기에 벌 수 있다는 강력한 동기를 줄 수 있어서다. 그런데 같은 이유로 이런 성격의 자금이 공공성을 띤 서비스에 잘 맞는지는 꼼꼼히 따져봐야 한다. 예를 들어 외부 투자자가 영리병원을 세운 뒤 나중에 잉여를 많이 남겨 모두 가져간다면 환자 입장에서 환영할 만한 일은 아니다.

우리는 흔히 영리법인이 주는 이윤동기가 생산성을 저절로 높여주리라는 환상을 품는다. 그러나 미국발 금융위기 이후 이윤동기가 실제 성과를 높이는 데는 그다지 도움이 되지 않았다는 사실이 속속 드러나고 있다. GM 같은 미국의 대표 기업과 투자은행들이 몰락했으며, 잭 웰치는 "주주가치만을 위해 경영하는 것은 어리석은 일"이라 고백하지 않았는가. 미국의 영리병원만 해도 비영리병원과 견줘 재무안정성이 떨어진다는 분석이 있다.

이런 오해와 환상은 제쳐두더라도, 한국사회가 비영리법인을 보는 시선은 극단적으로 엇갈리면서 후진적이다. 우리는 때로 비영리법인을 영리법인처럼 '사고파는' 것으로 여긴다. "어떤 대기업이 어느 대학을 인수했다"고 공공연히 이야기하는 게 그 예다. 학교법인은 대표적 비영리법인 중 하나다. 애당초 소유주가 없기 때문에 누구도 사고팔 수 없다. 물론 이사회를 장악하면 운영권은 가질 수 있지만 이는 소유와는 다른 개념이다.

반대로 비영리법인은 '경영'이나 '사업'을 하면 안 된다고 여기기도 한다. 비영리조직이 곧 비경영조직이나 비사업조직은 아니다. 얼마든지 경영을 하며 사업소득을 창출할 수 있고, 오히려 영리법인보다 더 잘할 수도 있다. 물론 비영리부문과 사회적기업처럼 사명을 중심에 놓은 조직이 우리 사회의 문제를 해결하고자 전면에 나서려면 영리부문보다 더 빠른 혁신과 더 효과적인 경영이 필요할지 모른다.

사실 착한 일을 벌이는 것은 매우 고단한 일이다. 흔히들 착한 마음만 가지면 착한 일을 할 수 있다고 생각한다. 하고 싶은 착한 일의 수준이 그저 자선냄비에 돈을 집어넣거나 혼자 봉사활동을 하러 가는 정도라면 혹시 가능할지 모르겠다. 그러나 우리 사회 도처에 널린 문제 중 한 가지, 그중 어느 한 부분이라도 '나서서 해결'하겠다고 생각하면 문제는 한결 복잡하고 어려워진다.

우선 자금을 구해와야 한다. 기부를 받든 사업을 벌이든 돈을 마련해야 일을 할 수 있다. 그리고 사람도 관리하고 키워야 한다. 마케팅도 하고 시장에서 경쟁도 벌여야 한다. 제대로 된 경영능력을 갖춰야 할 수 있는 일이다.

그 경영능력이란 무엇일까? 많은 능력이 필요하겠지만 그중 핵심적인 것만 몇 가지 추려보자.

첫 번째는 '일의 우선순위 정하기'다. 세계적 경영학자 피터 드러커(Peter Drucker)는 《자기경영노트》에서 이런 말을 남겼다. "성공한 경영자들을 많이 만나봤는데, 그들은 부지런하기도 했고, 게으르기도 했고, 똑똑하기도 했고, 단순하기도 했고, 술을 잘 마시기도 했고 아니기도 했다. (……) 단 한 가지 공통점이 있다면 바로 '해야 할 일을 정확히 찾아내는 능력(do the right thing)'을 갖추고 있었다는 것이다."

시장분석, 인력관리, 고객설득 등도 모두 조직에 필요한 기능이다. 그러나 이는 '해야 할 일을 찾아내는 능력'이라기보다는 '주어진 일을 잘하는 능력(do things right)'에 해당한다. 경영자가 해야 할 일은 이런 것과는 조금 다르다. 시장을 얼마나 잘 분석하느냐보다 지금이 바로 시장분석에 자원을 투입해야 할 때라는 판단을 내리는 게 경영자의 일이다.

더구나 착한 일을 하겠다고 나서는 경영자라면 적은 자원으로 일을 시작해야 할 경우가 많을 것이다. 이런 경우일수록 우선순위를 명확히 하고 조직의 역량을 중요한 일에 집중하는 것이 중요하다. 그래야만 조직이 성공이든 실패든 한 방향으로 굴러갈 수 있다.

두 번째는 '실행하기'다. 미국 제너럴일렉트릭(GE)의 전임 회장 잭 웰치(Jack Welch)가 "경영은 실행"이라고 외쳤던 데는 이유가 있다. 대부분의 지식노동이 그렇듯이 경영은 아이디어와 기획에서 시작된다. 그래서 많은 경영자가 사업 아이디어를 만드는 데 힘을 쏟는다. 하지만 사실 경영자의 일은 아이디어를 현실화하는 것이다. 사업 아이디어도 물론 중요하다. 아이디어 하나가 기업 하나가 될 수 있으니 말이다. 그런데 이를 뒤집어보면, 기업 하나를 만드는 데는 딱 하나의 아이디어면 된다는 이야기다. 그 아이디어가 실행되어 사업이 성공하기까지는 지루하고 재미없고 때로는 고통스러운 과정이 기다리고 있는 것이다. 그 과정을 스스로 견뎌내고, 주변 사람들도 잘 견뎌내도록 이끄는 것이 경영자의 역할이다.

세 번째는 '지속하기'다. 사회적기업 '함께일하는세상'은 친환경 청소 사업을 한다. 사업 초기인 2000년대 초 회사는 '친환경 청소'를 상품으로 내놓았지만 누구도 거들떠보지 않았다. 가격만 싸면 장사가 되던 시절이었다. 청소는 그저 싼 비용으로 해치우면 된다고 여기는 구매자가 절대 다수였다. 그러나 지금은 어떤가. 친환경 청소가 아니면 시장에서 명함도 내밀지 못하는 상황이 됐다. 함께일하는세상은 2007년 흑자경영으로 접어들었다.

만일 친환경 청소가 시장에서 가망이 없다고 생각해 2년 만에 업종을 전환했다면 어땠을까? 지금도 이 회사가 사회적기업으로 건재했을까? 처음 먹은 생각을 끝까지 지키는 것은 이토록 중요하다. 시간은 오래 지속된다. 우선순위를 정해서 실행하고 처음의 계획을 꾸준히 실천해도 실패할 수 있다. 경영은 그만큼 불확실한 것이다. 하지만 그러지 않는다면 분명한 실패조차 해보지 못한 채 사업이 끝날 가능성이 높다.

경영능력을 갖춘 경영자를 키우는 것은 비영리부문에 매우 중요한 과제다. 그래서 비영리조직을 이끌 경영자를 키우는 교육도 필요하다.

미국 경영대학원 MBA과정에 유학했던 때의 일이다. 여름방학을 앞둔 어느 날, 학교에서 이메일 한 통이 날아왔다. "방학 동안 비영리조직(nonprofit)에서 인턴으로 일할 학생은, 미리 신청하면 임금의 절반을 지원할 예정이니 신청서를 작성해 보내주세요." 2년짜리 MBA과정 재학생에게 여름의 인턴은 좋은 취업탐색의 기회기도 하고 비싼 학비를 미리 마련할 수 있는 돈벌이의 기회기도 하다. 문제는 인턴십 경험을 쌓고 싶은 기관의 재원이 넉넉지 않아 MBA 몸값에 걸맞은 보수를 지불하기 어려울 때 생긴다. NGO가 그 대표적 사례다.

많은 MBA들이 NGO에서 일하고 싶어한다. 일반 영리기업에서는 찾을 수 없는 가치를 경험하는 동시에 넓은 시야로 일해보고 싶어서다. NGO 또한 조직의 성장을 위해 경영전문성이 필요하다고 느끼며 MBA를 데려다 일하고 싶어한다. 그러나 높은 임금을 주기 어려운 NGO의 사정 탓에, 서로 필요를 느끼면서도 성사되기 어려운 조합이 되어버리기 쉽다. 이런 문제를 해결하고자 만들어진 제도 중 하나가 NGO 인턴십 지원 프로그램이었던 것이다.

한국도 경영교육에서 비영리부문의 중요성을 더 깊이 인식할 필요가 있다. 경영학이 원래 속도와 크기만 중시하는 효율성(efficiency)이 아니라 문제의 진정한 해결을 중시하는 효과성(effectiveness)을 추구하는 학문임을 생각하면 당연한 이야기다. NGO와 MBA, 과거에는 어색해 보였을지 모르는 이 두 단어를 만나게 해야 할 필요성이 점점 더 커지고 있다.

주식회사에 대한 오해와 환상을 버리고 비영리부문에 대한 선입견도 내려놓고 냉정하게 따져 물어봐야 한다. 지금 우리 사회의 중요한 문제는 무엇인가? 이윤동기가 그 문제를 해결하는 데 더 필요한가, 아니면 사명이 더 중요한가?

사명이 더 중요한 상황이라면, 비영리조직처럼 사회문제 해결을 사명으로 여기는 조직을 키우고 활용하는 것이 맞다. 그들이 더 세련되고 효과적인 사회를 만들 수 있을 것이다. 이윤을 노리고 외부에서 들어온 거액의 투자가 반드시 우리를 행복하게 해주지는 않는다. 밑바닥부터 촘촘히 짜인 경제가 우리를 더 행복하게 해줄 수 있다. 그게 더 지속가능한 길일 수 있다.

구글의 혁신과 마더 테레사의 헌신

사명을 중심에 놓은 비영리조직이 혁신적 경영능력과 재원을 만난다면 마더 테레사가 구글을 만난 듯한 모양새일 것이다.

1998년 미국 스탠포드대학 박사과정에 재학 중이던 세르게이 브린(Sergey Brin)과 래리 페이지(Larry Page)는 잘 다니던 학교를 별안간 중퇴했다. 그러고는 인터넷 검색엔진 기업을 창업했다. 인터넷을 사용하는 사람이 잘 눈에 띄지도 않던 그때, 세계가 알아주는 명문대학을 뛰쳐나와 확실한 미래라고는 전혀 보이지 않던 세계에 뛰어든 것이다.

구글은 그렇게 탄생했다. 세르게이와 래리는 이제 세계적 백만장자 대열에 섰다.

1948년 인도 캘커타의 성 마리아 학교 교장이던 테레사 수녀는 평생 종사하던 수도회를 뛰쳐나온다. 수도복을 벗고 인도에서 가장 가난한 여성들이 입는 흰 사리를 입은 채였다. 석 달 동안 간호학과정을 마친 뒤 그는 캘커타의 빈민가를 찾아가 무작정 사람들을 돌본다.

적당히 선행을 베풀며 명예롭고 평안하게 지낼 수 있던 선교학교의 매력도, 아무도 가까이 하려 하지 않는 극빈층과 함께 생활해야 한다는 두려움도 그를 막지 못했다. 그저 가장 밑바닥으로 뛰어드는 것이 자신의 사명이라 여겼다. 곧 죽어갈 사람들만 받는 '임종자의 집', 고아들을 위한 집, 한센병 환자 자립센터를 열면서 점점 더 밑바닥으로 내려갔다.

마더 테레사는 그렇게 탄생했다. 그는 세계가 존경하는 성녀이자 노벨평화상 수상자가 됐다.

그런 마더 테레사의 가치를 지키면서 구글 같은 효과적 경영을 하겠다는 사람들이 말하자면 '사회적기업가(social entrepreneur)'들이다. 이들이 혁신적 사회문제 해결 모델을 직접 만들어 실행하겠다며 나서고 있다. 세계적 흐름이다.

사람은 두 종류의 꿈을 꾼다. 하나는 구글의 꿈이다. 가장 앞선 곳에서 가장 혁신적인 기술을 경험하며 일하고 싶은 꿈이다. 다른 하나는 마더 테레사의 꿈이다. 이웃에게 도움이 되는 올바른 삶을 살고 그 삶을 인정받고 싶은 꿈이다. 보통은 둘 중 하나를 이루면 나머지 하나는 놓치기 마련이다. 그런데 이 두 종류의 꿈을 동시에 이루겠다며 인생을 걸려는 사람들이 생겨나고 있다.

구글이 마더 테레사처럼 고결한 가치를 지니고, 마더 테레사가 구글처럼 빠르고 효과적인 세상, 그것을 만들 꿈을 꿀 수 있는 사람들이 바로 비영리부문의 경영자들이고 사회적 기업가들이다. 이들이 만들어가는 혁신이 사회혁신이다.

삼성과 애플을 넘어

사회적 경제와 비영리조직의 변화가 사회혁신의 핵심이겠지만 기업 이야기를 빼놓을 수는 없다. 지금 세상을 바꿀 수 있는 가장 큰 힘을 지닌 집단은 누구일까? 정부도 시민도 아니다. 바로 기업, 그것도 규모가 큰 글로벌 대기업이다. 기업에서 의미 있는 변화가 일어나야 하는 이유가 여기 있다.

삼성과 애플 사이의 특허소송전은 그래서 내 관심을 끌었다. 싸우는 장면을 보면 그 사람의 바닥을 볼 수 있다. 그래서 사람들이 싸움구경을 좋아하는지도 모르겠다. 두 글로벌 기업이 맞붙어 싸우는 장면에서 그들의 진심을 목격할 수 있으리라 기대하며 나도 그 싸움을 관찰했다.

결론적으로 나는 이 두 기업은 현재 경제의 승자일 뿐 미래경제의 대표선수는 아니라고 생각했다. 재판과정을 전반적으로 훑어보면서 든 생각이다.

삼성 쪽의 대응을 관찰하면서는 과연 삼성이 미래경제의 열쇳말이 될 '창조' 습관을 지닌 기업인지 의심하게 됐다. 그 단초는, 특허소송이 벌어진 미국 법정에서 삼성전자 수석디자이너가 했던 눈물겨운 증언에서 시작됐다. 그녀는 "하루에 두세 시간만 자면서 개발에 몰두하느라, 아이를 낳았지만 모유 수유도 제때 할 수 없었다"고 말한 것으로 외신들은 전했다.

삼성전자가 엄청난 노력을 들여 독자적으로 스마트폰 디자인을 만들어냈다고 증언하는 과정에서 나온 말이다. 하지만 결과적으로 엄마가 자신의 아이조차 돌볼 수 없을 정도로 장시간 일해야 하는 기업문화의 속살을 내보이게 된 셈이다.

삼성 디자이너의 증언은 한국경제의 현주소를 상징한다. 세계 스마트폰 업계 1, 2위를 다투는 삼성전자가 직원들이 아이를 제대로 돌볼 수조차 없게 일을 시키는 기업이라는 증언이 나온 것이다. 선진국에서는 상상하기 어려운 일이다. 임직원들이 아이를 잘 돌볼 수 있도록 여건을 만들어주는 것은 기업 본연의 사회적 책임 가운데 하나다. 앞서가는 기업이라면 가족친화경영은 기본 중의 기본이다.

창조경영을 외치고 디자인의 중요성을 이야기하지만, 여전히 삼성전자는 유능한 추격자(fast follower)다. 창조해서 이기는 기업이 아니라 빠르게 따라잡아서 이기는 기업이다. 또 직원들은 헌신적이고 규율에 순종적이며, 따라서 실행에 효율적이다. 빛나는 아이디어가 아니라 효율적 실행이 경쟁력의 핵심이다. 삼성전자 또는 한국경제를 여기까지 성장시킨 힘은 그런 것이다.

그러나 딱 여기까지다. 창조적 감성은 디자이너의 야근으로 만들어지지 않는다. 자유롭고 여유 있는 문화가 그 직장과 사회에 체화됐을 때 창조력이 나온다. 그것은 효율과 실행 중심의 조직문화와 상충된다. 그런 점에서 애플은 부러움의 대상이다. 창조적 선도자(first mover)의 면모를 잘 갖추고 있다. 이 기업은 새로운 영역을 개척해냈다.

물론 애플의 대응을 관찰하면서도 씁쓸한 느낌은 들었다. 삼성과의 특허소송에서 애플은 지식재산권을 지나치게 절대화하는 태도를 보였다. 애플은 그렇지 않아도 천문학적 액수의 영업이익을 내면서 생산라인 노동자들에게는 제대로 배분하지 않는다는 비판을 받는 기업이다. 게다가 혁신적 아이디어를 사회에 널리 보급하기보다는 이를 독점해 이익 늘리기에만 몰두하는 모습까지 보여준 것이다. 미국경제의 현주소 또는 미국이 수십 년 동안 주도한 세계 자본주의의 현주소다.

애플은 창조와 혁신으로 가득해야 할 특허 경쟁, 아이디어 경쟁을 돈 잔치로 전락시키고 말았다. 애플은 2012년 미국 새너제이 법원에서 벌어진 소송에서 삼성의 특허침해에 따른 손실비용을 산정하는 데만 해도 20억 원 이상을 들인 것으로 알려졌다. 이 작업을 시키려고 프로그래머 20명, 회계사, 통계학자, 경제학자 등을 고용하느라 그 돈이 들었다는 이야기다. 계속 이어진 두 회사의 소송비용을 모두 합하면 4,000억 원 규모라는 추산도 나온다.

이쯤 되면 특허는 아이디어나 기술의 영역에서 한참 벗어났다고 봐야 할 듯하다. 아이디어나 기술로 시작하되, 자본이 없으면 만들기도 지키기도 어려운 게 바로 특허권이다. 특허권, 상표권, 저작권 등을 포괄하는 '지식재산권'은 이제 '지식'이 아니라 '재산'에 방점이 찍힌 권리가 된 듯 보인다.

특허란 원래 기술공유를 촉진하기 위해 고안된 제도다. 기술이나 지식을 독점하게 해주는 제도가 아니다. 이런 취지를 알지 못한 채 특허가 절대적 권리라고 생각한다면 오해다.

어떤 사람에게 새로운 아이디어가 생겼을 때 그 아이디어를 사회가 잘 활용하려면 그 사람이 지식을 다른 사람들에게 나눠줘야 한다. 그래야 다른 사람들이 그 아이디어를 활용해 더욱더 발전시킬 수 있다.

자연적 상태에서는 지식 소유자가 남에게 자기 아이디어를 나눠줄 이유가 없다. 그래서 도입된 게 특허제도다. 아이디어나 기술을 처음 만들어낸 사람에게 제한적 소유권을 부여하는 것이다. 그 대신 소유권을 가지려면, 공인된 기관에 그 아이디어를 내놓아야 한다. 그게 바로 특허출원 절차다. 그리고 공인 기관은 모든 사람에게 아이디어의 내용을 공개하고, 사용할 경우에는 적절한 경제적 비용을 소유권자에게 지불하게 한다. 이로써 그 아이디어가 자연스럽게 사회의 자산이 되도록 만드는 것이다.

그런데 삼성-애플 소송전을 보면, 특허제도는 이제 지식공유가 아니라 지식독점을 위해 존재하는 제도가 되어버린 것 같다. 특허제도는 원래 연구와 투자에 대한 보상을 도입해 혁신을 촉진하자는 취지였는데, 특허를 내고 지키는 데 너무 많은 비용이 투입되면서 거대기업들 사이에서 머니게임의 장이 되어버렸다는 이야기다.

특히 변화가 빠른 소프트웨어 같은 무형의 분야는 특허가 혁신을 촉진하기보다는 오히려 지체시킬 가능성이 높다. 신약개발이나 화학 분야 등 대규모 투자가 필수적인 영역에서는 특허가 제 기능을 할 수 있다. 어차피 투자 여력이 있는 거대기업이나 기관이 관련 연구를 해서 특허를 확보할 것이기 때문이다. 그러나 삼성과 애플 간 소송의 핵심은 그게 아니었다. 대부분은 단순히 반짝 하는 아이디어 성격이 강한 특허권을 놓고 다툼이 벌어졌다.

한때 세계 최대 필름사업자로 이름을 날렸던 이스트만코닥의 최근 모습을 보면 특허제도의 딜레마가 더욱 극명하게 드러난다. 코닥 역시 애플과 소송전을 치르고 있다. 디지털카메라와 스마트폰 화면에서 사진을 미리 보게 하는 기술은 코닥이 특허를 갖고 있는데, 이를 애플이 자기 것처럼 사용하고 있다는 내용이다.

그런데 코닥은 이미 파산한 기업이다. 한때 10만 명에 이르던 직원이 1만 7,000명으로 줄었다. 애플과의 카메라 경쟁에서 져서 2만 8,000명을 해고해야 했다는 분석도 있다. 그런 다

음 코닥은 1,100개의 특허와 브랜드만 남겨 이를 팔고 임대하
는 사업자가 되는 방향으로 전략을 수정했다. 특허라는 게 본
래 사람이 가진 아이디어와 지식을 유형자산화한 것인데, 정
작 지식을 가진 사람들은 해고되고 특허만 남은 앙상한 기업
이 되어버린 것이다.

사람은 없고 특허만 있는 기업은 과연 첨단기업일까 아니면
'좀비 기업'일까? 아이디어와 기술은 원래 사람의 두뇌에서 나
오는 것인데, 두뇌가 사라진 '기업'이라는 법인격이, 거액을 들
여 이런 아이디어와 기술을 서류상 자기 자산으로 만드는 현
실은 정당할까? 어떤 아이디어도 사회에 있는 다른 아이디어
에서 한 걸음 더 발전한 것일 텐데, 그 한 걸음을 내디딘 공로는
사회 전체에 있는 것일까, 아니면 개인에게 있는 것일까, 아니
면 그 개인을 고용하고 투자한 기업에 있는 것일까?

의문은 끝이 없다. 애플은 2011년 아이폰의 '밀어서 잠금해
제' 기능의 특허를 취득했다. 이에 맞서 구글도 조금 다른 내
용의 '밀어서 잠금해제' 기능의 특허를 출원했다. 그런데 사실
우리 옛 조상들은 집 대문 빗장을 '밀어서 잠금해제'하며 살았
다. '밀어서 잠금해제'라는 아이디어는 과연 누군가의 소유가
되고 그가 독점할 수 있는 지식재산인 것인가?

삼성과 애플은 각각 신흥국과 선진국에서 현재의 자본주의
를 대표하는 기업이다. 하지만 이들에게는 분명 부족함이 있

다. 사회의 지속가능성을 지향한다면 더욱 그렇다. 삼성에게서 우리는 창조성의 부족을 느낀다. 애플로부터는 지식의 공유와 개방성의 부족을 발견한다. 둘 모두에서 우리는 사회적 책임의 부족 또한 보게 된다.

역설적으로, 이들의 결핍으로부터 우리는 미래 자본주의의 방향을 읽어낸다. 그 방향은 창조, 공유, 사회적 책임이라는 열쇳말로 모아진다.

우선 창조적 감성이 필요하다. 모방으로는 시대를 이끌 수 없다. 그리고 공유의 정신이 있어야 한다. 독점과 배제는 미래의 방식이 아니다. 공유경제를 이해해야 리더가 될 수 있다. 마지막으로 사회적 책임이다. 이익만 극대화하느라 환경, 인권, 지배구조 등 다른 가치를 등한시하면 이익마저 잃게 된다. 주주뿐 아니라 다양한 이해관계자를 고려한 사회책임경영은 단순한 자선이 아니라 미래경영의 핵심이다.

다양한 기업지배구조를 상상하라

사치 앤드 사치(Saatchi & Saatchi)라는 글로벌 광고회사가 있다. 1970년 모리스 사치(Maurice Saatchi)와 찰스 사치(Charles Saatchi) 형제가 세운 회사다. 영국 보수당의 광고대행을 맡아 "노동(당)은

일하지 않는다(Labour isn't working)"라는 카피를 내놓으면서 유명
해졌다. 노동, 노동조합, 노동당, 일 등의 단어를 조합해 중의
적으로 비판한 잘 만든 정치 슬로건이었다.

그런데 1994년에 회장을 맡던 모리스 사치와 투자자들 사이
에 분쟁이 일어난다. 사치가 자신을 포함한 임직원들의 연봉
과 복리후생을 높이는 안을 내놓았더니, 투자자들이 방만한
비용 지출이라며 거세게 반발하고는 주주총회에서 설립자를
쫓아낸 것이다. 모리스 사치는 자신이 설립한 회사를 떠난다.
몇몇 핵심 임원들도 같이 회사를 떠난다.

회사를 떠난 이들은 바로 경쟁 광고회사인 'M&C 사치'를
설립한다. 그러고는 사치 앤드 사치의 고객사 상당수를 가져
온다. 고객들이 좋아한 것은 사치 형제가 낸 광고 아이디어였
던 것이다. 어느 기업이 만들었느냐는 중요하지 않았다. 사치
앤드 사치가 막대한 타격을 입은 것은 물론이다. 당시의 영국
돈으로 4,000만 파운드(우리 돈으로 약 656억 원)에 달하는 손실을
입고는 3년 만에 광고업에서 손을 떼게 된다. 반면 모리스 사
치가 새로 세운 회사는 승승장구한다.

모리스 사치는 자신이 세운 회사를 놓고 다툼이 벌어지자
미련 없이 떠났다. 그 흔한 지분다툼도 벌이지 않았다. 자기
스스로가 회사의 경쟁력이라고 확신해서다. 주식회사에서 사
람들은 늘 지분에 집착한다. 지분이 많은 사람이 의사결정권

을 갖기 때문이다. 삼성가(家)의 이건희 삼성전자 회장과 이맹희 전 제일비료 회장 사이의 다툼도 그 때문이었다.

우리는 왜 이렇게 '지분'에 집착할까? 누구도 의심하지 않는 주주자본주의의 진리 때문이다. 주식을 확보하면 당연히 기업을 지배하게 된다는 것이다. 그래서 다량의 지분을 확보하는 데 목숨 거는 일을 당연시한다.

그런데 주주만이 기업의 주인이고 모든 결정권을 지녀야 한다는 그 생각은 언제나 정당할까? 그런 지배구조가 모든 기업경영에 가장 적합할까?

1981년으로 거슬러 올라가보자. GE의 최고경영자로 선임된 잭 웰치는 뉴욕에서 '저성장 경제에서의 고성장'이라는 제목의 유명한 연설을 한다. 내용을 요약하면 이렇다. "기업은 주주의 것이다. 경영자의 임무는 주주가치를 극대화하는 것이다. 주주가치는 주가상승과 배당금에서 나온다. 이를 끌어내기 위해 GE는 1등주의를 도입해, 진입한 모든 시장에서 외형경쟁을 통해 1, 2위가 되는 것을 목표로 경영하겠다."

잭 웰치의 연설은 주주가치 중심주의 기업경영의 틀을 제시했다. 이 생각에 따르면 경영자는 주주가 고용한 대리인이다. 기업의 직원들은 경영자의 생각을 기계처럼 실행하는 존재다. 주주는 기업의 재무성과는 물론이고 경영권도 독차지한다. 경영자의 철학이나 임직원의 자발성은 발 디딜 틈이 없다. 잭 웰치의 이런 생각은 이후의 세계경제를 주도한 주주중심주의를 대변한다.

그러나 아오키 마사히코(靑木昌彦) 스탠퍼드대 교수의 생각은 다르다. 기업지배구조는 매우 다양하며, 투자자가 중심이 되는 영미식 구조는 그중 하나일 뿐이라는 것이다. 그는 영미식 이외에 독일식 모델, 일본식 모델, 실리콘밸리형 모델, 호혜적 모델 등을 예로 든다. 영미식을 제외하면 나머지는 주주의 절대적 권능을 인정하지 않는 모델이고, 이미 오랫동안 여러 나라에서 성공적으로 운용된 모델이라는 것이다.

그 가운데 독일식 구조를 살펴보자. 독일은 공동결정제도가 제도화되어 있다. 이사회가 감독이사회와 경영이사회라는 이중구조로 이뤄져 있다. 감독이사회를 먼저 구성한 뒤 여기서 다시 경영이사회를 구성한다. 감독이사회가 최고의사결정기구라 할 수 있다.

기업의 규모와 업종에 따라 차이는 있지만, 독일의 상법(商法)은 감독이사회의 절반 이상을 직원대표가 맡도록 정해놓고 있다. 특히 대기업들 상당수는 감독이사회의 절반 이상이 근로자 또는 노조대표로 채워진다. 나아가 개별기업의 직원대표자와 산별노조의 대표자가 함께 참여해 개별기업 노동자들의 이해관계뿐 아니라 전체 노동자들의 이해관계를 대변하도록 하고 있다. 이 모델에서 투자자는 제한적으로만 의사결정에 관여할 뿐이다. 주주중심주의와는 완연히 다른 지배구조다.

독일식 모델의 유래는 중세의 길드(guild)로까지 거슬러 올라간다. 길드는 기술을 가진 장인들의 조합이다. 물론 집단적으로 거래하려면 여기에서도 경영자와 투자자는 필요했을 것이다. 그러나 이 조직에서 경영자나 투자자는 조직의 핵심역량을 갖고 있지 않으므로, 실제로 조직의 경영권을 장악하기 어렵다. 오히려 장인들이 경영자나 투자자를 고용하는 형태로, 한마디로 말해 노동자가 경영자를 고용한 셈이다. 아오키 교수는 노동자들이 기업의 핵심역량이라 할 수 있는 지식자산을 갖고 있을 때는 공동결정제도가 더 효과적인 기업지배구조라고 말한다.

일본식 모델도 비슷하다. 독일처럼 제도화된 공동결정제도는 없지만, 전통적으로 일본 기업에서 주주들은 기업경영에 간접적으로만 관여했다. 특히 주채권은행이 기업을 중장기적 관점에서 바라보며 관리하는 형태를 띠었다. 한 해 한 해 실적에 따라 경영자를 교체하는 주식투자자들과는 차원이 다른 관여다.

최근 주목받는 실리콘밸리형 모델이나 호혜적 모델은 설비 같은 물리적 자산보다는 기술과 아이디어와 경험 같은 지식자산이 중요한 사업에서 더 큰 힘을 발휘한다.

실리콘밸리 모델에서는 한 기업의 지배구조보다는 산업생
태계 전체의 지배구조가 더 중요하다. 벤처캐피털이 금융자
원을, 대학이 지식자원을 배분하면서 생태계를 발전시켜나간
다. 투자자는 개별 벤처기업 경영자에 대해 지배력을 갖지만,
분기실적을 점검하는 식의 전통적 영미식 통제는 하지 않는
다. 다만 일정 기간이 지나면 평가가 이뤄지고 성과가 좋을 경
우에는 다음 단계의 더 많은 금융자원을 제공하는 식이다.

호혜적 모델은 지식이 압도적으로 중요한 사업에서 나타난
다. 1인 1표의 민주주의 방식으로 의사결정을 하는 협동조합
이나 상호회사처럼, 지식자산을 가진 노동자들 사이의 합의
형태로 경영권이 행사되는 모델이다. 법무법인이나 광고회
사나 미디어처럼 물리적 자산보다 지식이 기업의 핵심역량을
구성하는 곳은 본질적으로 자본이 아니라 사람이 지배하는
구조가 더 합리적이고 효율적이다.

한국 대기업의 기업지배구조는 오랫동안 재벌총수와 그 일
가가 적은 지분으로도 전체 기업집단을 재무적으로, 또 인적
으로 지배하는 구조였다. 그 과정에서 다른 주주와 다른 이해
관계자들의 의견은 무시되는 구조였다. 그래서 경제민주화가
처음 회자될 때는 총수 일가가 아닌 다른 주주들의 지배권을
강화하자는 주장처럼 보였다.

이제 그런 주장을 넘어설 때가 됐다. 기업지배구조에 대한

한국사회의 상상력은 지나치게 제한적이다. 기업의 사명이나 업종에 따라서는 주주가 지배하는 주식회사 구조를 전혀 고집할 필요가 없을 수도 있다.

2012년 12월 발효된 협동조합기본법에 따라 이제 여러 업종에서 협동조합을 설립하는 것이 자유로워졌다. 1주 1표가 아니라 1인 1표로 의사결정이 이루어지는 협동조합의 활성화는 한국에서 기업지배구조의 다양성을 높이는 중요한 계기가 될 것으로 보인다. 또한 개수가 점점 늘어나고 있는 사회적기업 역시 비영리사단법인, 재단법인, 유한회사, 유한책임회사 등 다양한 형태의 지배구조를 취하고 있다. 다른 나라에서는 기업의 목적이 이윤극대화가 아니라 특정한 사회문제를 해결하는 것인 경우 다른 지배구조를 취하더라도 법인격을 인정하기도 한다. 우리 역시 이런 방식을 적극 검토할 필요가 있다.

다양한 지배구조를 갖는 사업이 성공하고 또 늘어나면서 기업에 대한 한국의 상상력은 더 넓어질 필요가 있다. 그게 하나의 중요한 혁신이 될 것이다.

손익계산을 넘어 지속가능성을 향해

지배구조와 함께 기업의 사명에도 변화가 필요하다. 이미 많은 기업이 주주의 이익극대화라는 사명을 지니던 것에서 환경과 사회 등 다양한 이해관계자에 대한 책임을 함께 고려하는 방향으로 진화하고 있다.

유학 시절 함께 공부한 중국인 친구 슈룽을 만나 대화를 나눈 뒤 나의 이런 생각은 더욱 확고해졌다. 중국 정부에서 공직자로 일하다가 유학 온 슈룽은 조국을 사랑했고 진지했다. 빈부격차와 성장의 거품 논란이 있었지만 중국의 높은 경제성장률을 자랑스러워했으며 그 성장의 과실이 결국 중국인에게 골고루 돌아갈 것이라 믿고 있었다. 경제성장은 그 자체가 목적이 아니라, 중국인의 행복이라는 사명을 이루기 위한 방법으로서 의미 있는 것이라 주장했다. 학위를 받은 후 다국적기업에 취업해 중동으로, 홍콩으로 돌아다니면서도 그 애국심과 자부심은 바뀌지 않았었다.

몇 년 전 그를 다시 만났다. 그때 중국은 멜라민 사태로 홍역을 치르고 있었다. 아기들에게 먹이는 분유와 초콜릿 등에 우유 대신 멜라민을 넣었다는 충격적인 뉴스가 전국을 뒤덮고 있었다. 중국을 대표하는 기업으로 일컬어지던 싼루그룹이 사건의 주역이었다.

슈룽은 그 사태와 직접적 관련이 없었지만 크게 당황하고 있었다. 그는 침울한 표정으로 말했다. "중국에 정말 최악의 사고가 난 거야. 지진사태를 빼고는 최근 몇 년 동안 일어난 일 중 최악의 사태지." 모처럼 만난 그는 저녁식사 테이블 너머에서 진심으로 좌절하고 있었다.

중국과 중국 기업에 대한 그의 자부심을 지탱해온 것은 신뢰였다. 중국경제와 중국 기업이 당장은 매출과 경제성장률에만 집착하는 것처럼 보여도 결국 중국인의 행복이라는 사명을 향해 움직이고 있다는 믿음이었다. 그런데 그 신뢰가 위태로워진 것이다. 사명을 잃어버린 기업, 영혼을 잃어버린 기업이 중국경제를 이끌고 있었다는 사실이 만천하에 드러난 것이다.

멜라민 사태의 주역인 싼루는 연평균 15퍼센트의 성장률을 기록하며 성장신화의 주역으로 칭송되기까지 했던 기업이다. 그런 대표기업조차 사명도 없이 목표도 없이 그저 성장만을 향해 달렸다는 사실이 친구를 절망하게 했던 것이다.

나는 그 이야기를 들으면서 이건 중국만의 문제가 아니라는 생각을 했다. 이윤극대화만이 자신의 사명이라 믿는 기업들이 세계경제에 끼친 해악은 엄청나다. 2008년 리먼브러더스 파산 이래 전 세계를 휩쓴 금융위기만 해도 그렇다. 금융사들이 투자자에게 투자상품이 주는 기회뿐 아니라 위험까지 분명히 알려주고 관리해준다는 자산관리인으로서의 사명에 철저했다면, 그래도 지금 같은 위기 상황이 닥쳐왔을까?

사실 기업에 손익계산서 너머의 사명이 얼마나 중요한지는 세계적 경영학자들이 끊임없이 강조한 사실이다. 피터 드러커는 《경영의 실제》에서 "이익 하나만 강조하는 것은 경영자가 기업의 생존을 위험에 빠뜨릴 수도 있는 지점에까지 이르도록 경영자를 오도한다"고 언급했다.

문제는 기존의 주식회사 체제에서는 단기적 주주이익의 극대화가 지고지순의 사명으로 여겨졌다는 것이다. 기업에서 실제로 장기적 관점이 작동하기는 매우 어려웠다. 올해 또는 이번 분기 손익계산서에 기록될 내용이 아니면 힘을 받기 어려운 게 기업의 현실이다. 오랫동안 우리는 손익계산서의 숫자에 따라 이리저리 흔들렸다.

하지만 지금은 위기와 불확실성의 시대다. 이제 문제는 신뢰다. 이 신뢰는 회계장부만 들이대서는 얻을 수 없다. 단기적 이윤극대화 이외의 또 다른 사명 없이는 자본주의가 장기적 신뢰를 회복하기가 어려울 것이다. 우리 삶의 지속가능성 역시 달성되기 어렵다.

앞서도 여러 번 강조했지만 이 사명에 새로이 포함되어야 하는 것은 기업의 사회적 책임이다. 즉 우리 사회 전체의 지속가능성을 높이기 위해 기업이 할 수 있는 역할을 함께하겠다는 선언이다. 경제적 이윤뿐 아니라 인권·노동·지역사회기여도·투명성 같은 사회적 성과나, 재활용·생물다양성·탄소배출저감 같은 환경적 성과도 경영의 목표가 되어야 한다. 바로 그때 사회 전체의 지속가능성을 높이는 데 기업이 동참한다고 말할 수 있다.

이미 많은 기업이 말로는 사회를 위해 경영한다는 이야기를 하지만 현실은 다르다는 생각이 들 수도 있다. 맞다. 기업들은 광고와 홈페이지에서는 "또 하나의 가족"을 만들고 "고객 행복"을 높이는 일을 주주이익보다 중시하는 것처럼 써놓는다. 하지만 실상은 다르다.

그렇기에 사회책임경영의 프로세스와 성과를 챙기는 일이 더욱더 중요해진다. 사명과 목표를 말하는 데서 한 걸음 더 나아가야 하는 것이다. 그 핵심요소 중 하나가 지속가능경영보고서다. 예를 들어 이런 질문에 맞닥뜨렸다고 생각해보자. "현대건설과 애플 중 어디가 더 나은 기업인가?" 쉽게 대답할 수 있는가?

기업 재무성과를 측정하는 회계규칙과 그 측정결과를 공개하는 보고서가 없다면 이 질문은 매우 부질없다. 우리는 아파트와 스마트폰을 비교할 수 없다. 현대건설과 애플은 가격도 쓰임새도 재료도 모두 너무나 다른 제품을 만드는 두 개의 기업이다.

그러나 보고서가 있다면 이야기는 달라진다. 전혀 달라 보이는 두 개의 기업도 순이익·매출·비용·자산·부채 같은 숫자 몇 개로 평가해 우열을 가릴 수 있다. 기업의 재무실적을 보고하는 사업보고서는 기업실적의 측정과 평가에 혁명적 변화를 불러왔다. 표준화의 힘이다.

지속가능경영보고서는 재무보고서와 비슷하게 성과를 측정하고 기록하는 표준화된 양식이다. 다만 이 보고서에는 매출과 비용 같은 재무적 성과 대신, 탄소배출량과 비정규직 비율과 기부액수 같은 성과가 실린다.

지속가능경영보고서는 기업의 환경·사회·지배구조와 관련된 정보가 골고루 실리는 보고서다. 사회책임경영을 하려면 주주뿐 아니라 지역사회, 임직원, 소비자, 시민사회 등 다양한 이해관계자를 고려한 경영을 펼쳐야 하는데, 그러려면 이들 이해관계자가 원하는 기업정보도 적극 알려야 한다는 생각에서 출발한 보고서다.

기업보고서의 역사는 멀게는 유럽의 중세 봉건시대까지 거슬러 올라간다. 봉건경제는 영주가 소유하고 그 대리인이 관리하는 장원을 중심으로 운영됐다. 대리인은 영주로부터 관리를 위임받은 장원의 수입·지출·재산을 기록하는 장부를 마련해야 했다. 수탁책임을 어떻게 이행했는지 정기적으로 보고서를 작성해 제출한 것이다.

그 이래로 기업보고서는 몇 차례 중요한 변화의 계기를 맞는다. 그중 한 번은 기간별 회계의 도입이다. 유럽 상인들이 앞다퉈 아시아와 북미에 기업을 세우겠다며 투자자를 모으던 대항해시대에 기업보고서는 단 한 차례, 수익배분을 위해 쓰였을 뿐이다. 영속적 개념의 주식회사가 도입되고 나서야 지금처럼 일정한 기간을 두고 정기적 성과보고가 이뤄지게 된다.

또 한 번의 계기는 외부검증제도 도입이다. 1710년 영국 동인도회사의 하나인 남해회사가 투기성 사업에서 실패한 뒤 회계기록을 검사하는 회계감사가 처음으로 도입됐는데 이것이 현재의 외부감사제도의 시초가 됐다. 지속가능경영보고서 검증제도의 시초라 볼 수 있겠다.

국제표준의 도입도 새로운 변화다. 국제무역 및 국경을 넘나드는 투자가 활발해지면서 2000년대 이후 세계 각국은 자국의 기준 대신 국제기준인 국제회계기준(IFRS)을 받아들이기 시작한다.

그다음에 일어난 변화는 지속가능경영보고서에서 볼 수 있는 것과 같은 '사회적 성과 보고'다. 지속가능경영보고서는 이미 기간별 보고체계, 외부검증제도, 국제표준 마련 작업을 마쳤다. 유럽연합 소속 국가를 비롯한 여러 나라에서는 이미 주식시장 상장기업이나 정부투자기관에 사회적 성과 보고를 의

무화하고 있다. 연기금들은 사회책임투자를 위해 이 보고서를 참고한다. 지속가능경영보고서가 사업보고서만큼 중요한 위치로 자리를 잡아가고 있는 것이다.

다시 그 질문으로 돌아가자. 현대건설과 애플 중 어디가 더 나은 기업인가? 이 질문의 답을 제대로 찾으려면 사업보고서뿐 아니라 지속가능경영보고서도 함께 펼쳐야 한다. 그래야 그 기업이 사회와 환경에 어떤 영향을 주는지를 알 수 있다. 뒤집어 말하면 그 기업을 잘 알기 위해 지속가능경영보고서를 펼쳐보는 행동, 그게 바로 혁신을 부르는 하나의 실천이다.

사회혁신과 기술혁신의 만남

앞서 애플과 삼성의 특허소송을 이야기했지만, 지식공유의 개념은 대기업에만 해당하는 이슈가 아니다. 누구나 지식자산을 갖고 있으니 말이다.

그런데 지식공유에는 오래된 딜레마가 있다. 모든 사람이 머릿속 지식을 꺼내 자유롭게 교류하면 지식은 더 발전할 것이다. 하지만 사람들이 지식을 공유하는 순간 그것은 자기만의 자산이 아니라 사회의 것이 된다. 그렇게 되면 지식만으로는 먹고살기가 어려워진다. 역설적으로 말해, 지식공유가 많아지면 개인은 지식을 발전시킬 유인이 줄어들게 된다.

따라서 각 지식의 영역에서 지식공유와 지식의 가치를 함께 지키는 시스템을 만드는 게 중요하다. 학술적 지식의 예를 들어보자. '논문'과 '학술저널'이라는 장치는 지식을 잘 정리해 공유하면 일정한 권위와 보상을 받을 수 있도록 해주는 시스템이다.

크리에이티브 커먼스(Creative Commons)가 바로 그런 역할을 하는 곳이다. 저작자가 자신의 창작물을 여럿과 나누는 활동을 확산시키는 운동을 하는 비영리단체다. 여기서는 누구나 간편하게 자신이 만든 창작물을 원하는 만큼 나누고 다른 이의 창작물을 적법하게 가져다 쓸 수 있는 자유 라이선스 CCL(Creative Commons License)을 제공한다. 저작자를 밝히거나 콘텐츠 사용을 비영리적 용도로 한정하는 라이선스를 저작자 스스로 정한 뒤 이용자가 그에 따르도록 하는 시스템이다.

사실 내 지식이라 해도 온전히 내 것은 아니다. 부모님으로부터, 선생님으로부터, 사회로부터 얻은 지식에, 약간의 창의성을 덧붙여 진전시킨 것이다. 그렇다면 그 지적 자산은 개인과 사회가 공유하는 것이 맞다. 이런 맥락에서 보면 인터넷상에서 다른 이의 글이나 자료를 허락 없이 가져오는, 이른바 '불펌'도 문제다. 저작자의 노력을 무시하는 행위기 때문이다. 그러나 저작자의 노력을 충분히 인정해주기만 한다면 지식은 공개되고 공유되는 것이 그렇지 않은 경우보다 낫다.

물론 지금 인터넷을 들여다보면 한숨이 나온다. 소중한 지식들이 공짜로 흘러 다니는데 그중 상당수는 저작권을 침해하고 있기 때문이다. 그 대부분이 사적으로 생산된 것, 즉 개인이 자신의 시간과 자산을 투입해 만든 것이다. 사적으로 생산된 지식이 공짜로 배포되는 탓에 지식생산자가 정당한 대가를 받기 어려운 구조가 형성된다. 사회 전체로 보자면 지식생산자가 결국 좋은 지식을 지속적으로 생산할 수 없는 구조다. 지식생산자는 그대로 주저앉아버리거나 좋은 지식 대신에 팔리는 지식의 생산을 강요받는다. 결국 많은 지식생산자가 둘 중 하나를 선택하게 된다.

개인도 문제지만 지식생산 조직은 더 큰 문제다. 거대조직도 마찬가지로 둘 중 하나를 선택하도록 강요받는다. 많은 신문사가 주저앉거나, 광고주나 '클릭수'와의 타협으로 왜곡된 뉴스를 생산하게 되는 건 바로 이런 맥락에서다. 이 문제는 앞으로 더욱 커질 것이다.

지식은 공짜로 생산되는 게 아니다. 누군가는 생산비용을 지불하게 되어 있다. 이 생산비용을 누가 부담할 것인가는 매우 중요한 이슈다. 지식을 공짜로 공개하는 데는 동의하지만 지식의 생산비용을 개인이나 개별 조직이 부담하는 것은 맞지 않다. 그런 구조는 지식생산이 지속될 수 없게 만든다.

결국 해법을 찾아야 할 문제다. 지식생산자에 대한 보상체계는 더욱 공적인 것이 되어야 하고 그 기반 아래 지식이 최대한 공유되어야 한다. 공적 지식의 생산체계를 갖춰야 한다는 이야기다. 구체적인 보상시스템과 공개시스템을 만들어가는 과정 자체가 중요한 사회혁신이 될 것이다.

공유시스템을 도입하는 혁신은 물론 지식자산에만 해당되는 이야기가 아니다. 예를 들어 '쏘카(Socar)'의 카셰어링 서비스는 자동차를 공유해 이용자 부담과 환경 부담을 동시에 줄이려는 서비스다. 자동차뿐 아니라 집이나 사무실 등의 부동산에서도 비슷한 실험이 시도되고 있다. 실물자산 공유의 확산 역시 중요한 사회혁신이다.

크리에이티브 커먼스 코리아는 '오픈(open)'이라는 단어로 캠페인을 펼치고 있다. 여기서의 '오픈'은 가능한 모든 정보를 서로에게 '공개'한다는 뜻으로, 웹에서 많이 사용된다.

그런데 같은 단어이지만 '오픈 소사이어티(open society)'에서는 '민주화된' 사회, '개방적' 사회, '시민이 주인인' 사회라는 뜻이 된다. 조지 소로스는 '오픈 소사이어티 인스티튜트(Open Society Institute)'라는 비영리기관을 만들었는데, 제3세계의 민주화와 사회 운동을 지원하는 역할을 한다. '오픈'이라는 용어 속에서 기술혁신과 사회혁신이 만나고 있는 것이다.

'소셜(social)'이라는 단어도 마찬가지다. 사회복지(social welfare)

나 사회적기업(social enterprise)과 소셜미디어(social media)라는 말에 모두 들어 있는 게 바로 '소셜'이라는 단어다.

아주 달라 보이지만 같은 단어를 사용하는 두 개의 그룹, 즉 두 개의 '소셜'이 만날 수 있다는 게 내 생각이다. 저작자를 존중하면서도 최대한 지식이 공유되는 시스템을 만드는 데는 기술이 반드시 뒷받침되어야 한다. 또한 지식생산자에 대한 공적 보상체계를 만드는 데는 사회적 합의와 사회운동이 필수적이다. 신기술 마니아가 매혹된 '소셜'과 사회문제 해결을 추구하는 혁신가가 매혹된 '소셜'은 서로 만날 수 있다. 그 지점에서 인류의 진보를 가져온 두 개의 큰 동력, 기술혁신과 사회혁신이 만난다.

2012년에 두 장면을 목격하면서도 비슷한 생각을 했다.

그 하나는 5월 초에 벌어진 일이다. 조국 서울대 교수가 트위터(@patriamea)에 짤막한 글을 하나 썼다. "다들 커피 즐기시죠? 공정무역 커피, '아름다운 커피'를 강추합니다!" 공정무역 커피란 생산농가에 정당한 대가를 주고 원두를 구매해 만든 커피다. 커피 만드는 기업들이 지나치게 낮은 단가를 지급해 저개발국 커피농가의 아이들은 학교에도 가지 못한다. 이런 현실을 개선하고자 나온 것이 공정무역 커피다.

그런데 예상치 못한 반응이 나타났다. 트위터 사용자들이 자신들이 알고 있는 다른 '착한 커피전문점'들을 추천하기 시작한 것이다. 나중에는 트위터의 대화 내용이 공정무역을 넘어서는 수준이 됐고, 지역도 전국으로 확대됐다. 이주노동자와 장애인을 돕는 카페도 소개됐다. 커피 한 잔을 사 마실 때마다 제3세계 어린이에게 한 끼 식사가 기부되는 카페도 추천됐다. 새터민 청년들이 운영하는 커피전문점 소식도 올라왔다. 30만 명이 넘는 팔로어를 거느린 조국 교수 덕에 트위터 세상이 착한 카페 이야기로 뒤덮였다.

이 광경을 목격한 시민운동가 조양호(@asincho) 씨는 이 정보를 바탕으로 전국 착한 카페 지도를 만들자는 아이디어를 냈다. 트위터에 올라온 메시지는 스쳐 지나가는 정보 같지만 지도로 가공하면 소비자에게 지속적으로 도움이 되는 정보로 탈바꿈할 수 있다. 그는 스스로 코디네이터가 되어, 전국의 착한 카페 명단(bit.ly/goodcafe)과 지도(bit.ly/goodcafemap)를 만들기 위한 기초작업을 시작했고 그것을 트위터에 공개했다. 누구나 이 명단에 접속해 추가하거나 고칠 수 있게 했다.

며칠 만에 전국의 착한 카페 58개의 명단이 만들어졌다. 모두 트위터 이용자들이 추천한 곳이다. 예술가들을 돕는 곳, 방황하는 청소년들을 돕는 곳, 마을공동체의 중심 역할을 하는 곳 등 다양한 성격을 지닌 카페들이 지도에 표시됐다. 어떤 소비자나 활용할 수 있는 지도가 누구의 지시나 감독 없이 자발적으로 만들어진 것이다. 집단지성의 힘, '소셜'의 힘이었다.

'소셜'의 가능성을 느끼게 만든 또 다른 장면은 이것이다. 한겨레경제연구소가 시민단체 '더체인지'와 함께 진행한 한국사회의 미래 비전을 그리는 작업('The Project')에서였다. 미래 비전을 그리기 위해 우리는 정치·경제·사회 등 분야별로 내로라하는 전문가를 초청해 이야기를 듣고 정리하는 소모임을 진행했다. 이 과정에서 작은 실험을 했다. 비공개로 진행하는 이 소모임에서의 논의 내용을 트위터에 공개한 것이다. 참가한 전문가의 발언을 트위터에 내보내 대중이 토론하게끔 했다.

소모임의 토론은 사실 내용이 어렵다. 그것도 서너 시간이나 이어진다. 그래서 대량 접속이 일어나리라고는 기대하지 않았다. 그런데 놀랍게도 많게는 1,000여 건의 접속이 일어났다. 의제에 대한 생산적 의견도 종종 나왔다. 딱딱한 정책토론은 전문가들의 몫이고, 집단지성은 작동하지 않으리라는 게 일반적 통념인데, 이런 통념에 생채기를 내는 데 성공한 것이다.

소셜미디어와 사회혁신은 이렇게 만날 수 있다. 착한 카페를 알리면서도, 미래 정책 비전을 토론하면서도 그 만남은 가능하다.

진보적 인재의 발견

결국 일은 사람이 하는 것이다. 사회적 경제의 성장도, 비영리 부문의 혁신도, 기업의 사회책임경영도, 이를 마음속 깊이 내면화해 실행하는 사람이 등장할 때 완성된다. 처음에는 법과 제도로 이런 흐름이 시작되도록 자극할 수 있겠지만, 그 완성은 그런 가치를 이해하고 믿는 사람들이 거기서 일하고 있어야만 가능하다. 기업과 비영리부문에서 일어날, 또는 일어나야 할 변화를 믿고 실행할 수 있는 진보적 인재를 키우는 것은 그래서 중요하다.

'진보(progress)'는 지금 대다수의 사람들이 이해하듯 그렇게 협소한 의미의 단어가 아니다. 분배주의만 뜻하는 것도, 시장 만능주의에 대한 반대만 뜻하는 것도 아니다. 훨씬 더 넓고 적극적인 의미를 담고 있다. 진보는 미래를 개척하는 것이다. 어찌 보면 미래의 인재를 준비하는 게 사명인 교육에서 출발하는 게 자연스럽다.

2009년 가을 나는 세계적인 비영리단체인 아쇼카(Ashoka)의 창립자 빌 드레이턴(Bill Drayton)을 만났다. 그는 2005년 하버드대 공공리더십센터와 〈유에스 뉴스 앤드 월드 리포트(US News & World Report)〉가 선정한 미국 최고의 리더 25명 중 한 명으로 꼽힌 인물이다. 빌 클린턴 전 미국 대통령은 빌 드레이턴을 두고 "언젠가 노벨평화상을 탈 사람"이라 말하기도 했다. 드레이턴은 늘 모든 사람이 '변화창조자(changemaker)'가 되어야 한다고 주장하는 사람이다. 그는 내게 한국경제와 한국 기업을 위해 왜 진보적 교육이 필요한지, 왜 혁신가를 키우는 것이 필수적인지 역설했다.

20세기 경제를 끌고온 모델은 미국의 포드 모델이었습니다. 포드자동차는 몇 명이 기획하고 디자인한 뒤 라인을 만들어놓으면 수만 명의 노동자가 그 기획에 맞춰 수동적으로 움직이며 자동차를 생산했습니다. (……) 그러나 이제 포드 모델은 죽음에 다다랐습니다. 한두 사람만 창조적이고 모두가 수동적이면서 생산성을 높여 경쟁력을 갖는 일은 이제 불가능해졌습니다. 미국의 디트로이트와 실리콘밸리의 명암을 보십시오. 포드와 GM 등이 자리 잡아 세계 최대의 자동차 도시였던 디트로이트는 이제 몰락한 대도시가 됐습니다. (……) 반면 실리콘밸리의 소프트웨어 산업은 기업구성원 한 사람 한 사람이 혁신성을 갖게 하는 생산모델을 만들어내면서, 세계경제의 중심지가 됐습니다.

모든 사람이 혁신가가 되는 일은 한국 같은 나라에서 더욱 중요해질 것이라고 그는 강조했다. 지금까지 한국은 "1명의 리더가 1만 명을 먹여 살린다"라는 방식으로 산업화를 거치며 성장한 나라다. 그런 방식으로 인재도 양성했다. 주입식 교육이 힘을 발휘한 것도 이런 이유에서다. 그런데 이런 나라에서 인재양성과정에 근본주의적 변화를 일으키지 못한다면 미래 사회에 대응하기는 매우 힘들어질 것이다.

그렇다면 미래 사회, 미래경제의 모습은 어떤 것일까? 다음의 네 가지 측면에서 지금과는 사뭇 다를 것이다.

첫째, 대기업에서의 변화가 커질 것이다. 사상가 찰스 핸디(Charles Handy)는 '코끼리'와 '벼룩'의 시대가 온다고 예견했다. 그는 코끼리와 같은 다국적 대기업들은 지금보다 더 커진다고 예측했다. 또 소비자와 투자자 등은 웬만한 국가보다 더 커질 코끼리 기업에 지금보다 훨씬 무거운 사회적 책임을 요구할 것이다. 사회책임경영을 무시하는 기업은 코끼리로서 살아남기 어려워진다는 이야기다.

둘째, 1인기업과 소기업의 역할이 커질 것이다. 코끼리는 그 등을 뛰어다니는 벼룩 없이는 살아갈 수 없게 된다고 핸디는 비유했다. 벼룩이란 가볍고 빠르고 전문적인 1인기업과 소기업을 일컫는다. 이들은 지금보다 훨씬 더 많아지고 중요해질 것이다.

셋째, 사회적 사명과 시장적 문제해결능력을 함께 지닌 사회적 경제가 더욱 중요해질 것이다. 영리와 비영리의 구분이 희미해지고 하이브리드형 조직이 늘어날 것이다.

넷째, 정부조직에 근본적 변화가 일어날 것이다. 행정정보가 국민들에게 훨씬 투명하게 공개될 것이고, 공공기관과 시민사회 사이의 경계는 흐려질 것이다. 관리를 잘하는 사람이 아니라 사회문제를 잘 해결하는 사람이 좋은 행정가로서 인정받을 것이다.

이 네 가지 변화는 사회가 요구하는 인재상을 바꿀 것이다. 주입식 교육에 잘 적응하는 입시형 인재는 설자리가 없어진다. 창의성을 갖고 독립적으로 시장에서 성장할 수 있도록 능력을 갖추고, 동시에 남에 대한 공감능력과 사회적 책임감을 갖춘 하이브리드형 인재가 필요할 것이다.

제도와 시스템을 만드는 일이 3~5년 만에 성과를 기대할 수 있는 변화라면, 새로운 교육을 기획하고 실행하는 것은 20~30년 뒤의 성과를 기대하고 해야 할 일이다. 그러나 근본적 변화를 원한다면 꼭 필요한 일이다.

어떤 삶을 살 것인가

2장에서 우리는 우리를 옥죄는 시스템의 기저에 '먹고사니즘'이 있다는 것을 이야기했다. 가장 풍요롭고 가장 다양한 선택지가 있는 것 같아 보이는 소비생활의 기저에 실은 가장 획일화된 패턴이 자리 잡고 있는 것이다. 그리고 가장 자유로울 것 같은 이 시대의 우리가 실상은 1970년대 전태일이 이야기했던 '기계'처럼 살고 있는 것은 아닌지 질문을 던졌다.

그렇다면 우리는 그 기계들의 세계에서 무엇을 어떻게 할 수 있을까? 어떻게 행복할 수 있을까? 다시 주인이 될 방법은 없을까? 공항을 짓고 도로를 놓고 땅값을 올려보겠다는 욕망으로 대통령을 뽑고 법을 만드는 정치 말고, 윤리적으로 무엇이 옳은지 토론하며 선거를 치르고 제도를 바꾸는 정치는 가능할까? 대가 없이 기부하고 많은 세금을 내는 것을 자랑스러워하는 부자들이 나타날 수 있을까? 소비자와 노동자를 주인으로 섬기는 기업이 등장할 수 있을까? 이런 기계들의 세계에서 회사원이 근무시간 중에도 자신의 목소리로 말하고 행동할 여지는 얼마나 될까?

현실 세계에서는 희망과 좌절이 함께 싹트는 법이다. 완전하지는 않아도 언제나 맹아는 있다. 이익보다 사회기여를 더 중요하게 생각하는 사회적기업과 공동체 원리를 기업활동에 구현하는 협동조합이 늘어나고 있다. 가난을 해결하는 데 쓰라며 돈을 빌려주는 사회투자도 생겨나고 있다. 사회책임경영을 구현하겠다는 기업도 많아지고 민간 기부액도 늘어난다. 어쩌면 새로운 정치도 좌절과 고통 속에서 이미 그 싹을 틔우고 있는지 모른다.

그렇지만 이런 일을 이루려면 우리 스스로 물어야 할 질문이 있다. 우리는 정말 덜 성장하고 덜 소비하면서 살 수 있을까? 이는 우리 삶에서 매우 본질적인 질문이다. 돌려 말하면 "나는 퇴근 후 조금 덜 쓰고 덜 누리는 것을 감수하고라도 일터에서 주인답게 일하고 싶은 회사원인가?" 같은 질문이다.

좀 더 직설적으로 이야기해보자. 우리는 이제 대박 없는 시대를 살아야 한다. 펀드가 두 배가 되고 투자한 주식이 열 배가 되고 내가 산 아파트값이 세 배로 오르는 일은 이제 없다. 아무리 아등바등 모아도 노후에 10억 원을 가질 수 없다는 사실을 받아들여야 한다.

그 대신 공공서비스가 늘어나 우리가 살아가는 데 비용을 덜 들일 수 있고, 연금이 확충되어 노후에 그걸로 살 수 있게 되어야 한다. 우리 스스로 자원봉사를 하고, 또 자원봉사 서비스의 수혜자가 되기도 한다. 최신 스마트폰은 가격할인이 별로 안 되겠지만, 도서관이나 대학이나 병원 같은 사회서비스는 상당 부분 무상 혹은 저렴한 비용으로 이용할 수 있게 된다. 노동시간이 줄 것이고 평일 저녁과 주말 휴식은 보장받겠지만, 주말쇼핑이나 밤샘유흥은 포기해야 할지 모른다. 이게 바로 지속가능한 삶의 모습이다.

우리는 이런 삶을 원하는가?

교사와 청소·경비 노동자 사이의 소득 차이는 지금보다 훨씬 줄어도 괜찮은가? 대학교수와 택시운전사 사이의 신분격차가 사라져도 괜찮은가? 대기업 프랜차이즈는 거의 사라지고, 빵이나 커피나 식료품은 동네에서 생활협동조합 방식으로 사다 먹게 되어도 괜찮은가?

만일 그런 삶을 받아들일 수 있다면 우리의 선택지는 분명히 커지는 것이다. 근본적으로 생각하자면, 새로운 사회를 만들어가는 일은 가능하기도 하고 이미 시작되었다고도 할 수 있다. 점진적이더라도 분명한 실천이 필요할 뿐이다.

4장

무엇을
할 것인가

사회에는 여러 다양한 분야가 있고 각각의 분야마다 풀어야
할 문제들이 있다. 그런데 그 문제를 하나하나 따로 풀다보면
한 문제의 답이 다른 문제의 답과 상충되거나 한 영역의 답이
다른 영역에서 새로운 문제를 일으키는 일이 발생한다. 따라
서 문제를 제대로 풀려면 전체 문제를 한데 놓고 풀어야 한다.

사회 전체를 디자인하는 일은 어찌 보면 휴대전화를 디자
인하는 일과 일맥상통한다. 휴대전화를 디자인할 때 버튼 모
양 하나만 놓고 생각해서는 답이 나오지 않는다. 버튼 모양뿐
아니라 버튼 위치, 그뿐 아니라 스크린과 모서리 모양과 뒷면
모습과 색깔까지 생각하면서 디자인을 해야 성공적인 결과가
나온다.

이런 사회디자인은 물론 쉽지 않다. 그런데 지금은 새로운
사회디자인이 필요한 시기이기도 하고, 어찌 보면 새로운 디

자인을 제시하고 관철시킬 수 있는 시기이기도 하다. IMF 구제금융 뒤 한국사회를 지배하던 이른바 '신자유주의'와 시장만능주의는 글로벌 금융위기 뒤 발붙일 수 없는 분위기가 됐다. 전통적 좌파는 현실사회주의 몰락 이후로 길을 잃은 뒤 아직 새로운 길로 돌아오지 못하고 있다. 전통적 신자유주의 프레임도, 전통적 좌파 프레임도 모두 신성함을 잃어버린 지 오래다. 그런 의미에서 보자면, 모든 선입견을 내려놓고 원점에서 토론할 기회가 온 것이다.

특히 경제·환경·노동·복지·교육·정치 등 여러 정책과 제도 영역 사이의 어울리는 조합을 만드는 것이 중요하다. 어느 한 분야의 정책만 잘 만든다고 사람들의 삶이 나아진다고 단언할 수 없는 게 요즘 세상이다. 한 분야의 변화는 여러 다른 분야에도 영향을 끼치고 변화를 가져온다. 그만큼 사회가 복잡해졌다. 이를 학문적으로는 '제도적 상호보완성'이라는 용어로 설명한다. 각 영역의 제도가 서로 얽혀 있기 때문에 한 영역의 제도를 바꾼다고 원하는 정책적 성과를 얻을 수 있다고 섣불리 생각해선 안 된다는 점을 알려주는 개념이다.

당연히 전통적인 좌우 대립 또는 보수-진보 프레임으로 세상을 바라봐서는 이해하기 어려운 점이 많아진다. 북유럽 국가들의 최근 움직임을 보면 이런 생각이 더욱 강해진다.

북유럽 모델은 진보인가, 보수인가

영국 주간지 〈이코노미스트〉는 2013년 2월 "북유럽 국가: 다음 슈퍼모델(Nordic Countries: The Next Supermodel)"이라는 제목의 표지 기사와 특집기사를 보도했다. 상대적으로 보수적이며 시장을 중시하는 태도를 보이는 이 주간지의 성향을 생각한다면 매우 이례적이었다.

스웨덴·핀란드·덴마크·노르웨이 등 북유럽 국가들은 보편적 복지가 자리 잡은 복지국가들이다. 세율이 높고 정부지출이 큰 나라들로 알려졌다. 영미식 시장주의가 주류인 영국에서 그런 나라들을 글로벌 금융위기 이후 주목받는 국가모델로 칭송하는 내용의 기사를 보수언론이 실었으니 눈에 띌 만했다. 보편적 복지를 지지하는 사람들 입장에서는 매우 반길 만한 사건이었다.

하지만 이런 기사가 실릴 만도 한 것이, 최근 북유럽 국가들은 각종 조사에서 가장 높은 국가경쟁력을 자랑하고 있다. 〈이코노미스트〉가 유엔개발계획(UNDP), 세계은행, 세계경제포럼(World Economic Forum), 국제투명성기구(Transparency International) 등의 자료를 종합한 결과, 가장 살기 좋은 나라 1위는 스웨덴, 2위는 덴마크, 3위 핀란드, 4위 노르웨이의 순서로 나타났다. 북유럽에 있는 4개의 작은 나라가 미국과 유럽의 강대국들을 제치고 모두 상위권에 오른 것이다.

위 자료에서는 인권·교육·혁신성 등 사회의 질적 수준을 비롯하여 경쟁력과 기업환경 등 경제적 효율성도 함께 참조했다. 한마디로 말해, 어떤 측면을 봐도 북유럽을 능가하는 모델은 없다는 것이다. 미국이 만성적 재정적자에 시달리고, 유럽 국가들도 부채 위기에서 허우적대는 와중에 혜성처럼 빛나는 성과다.

그런데 그 내용이 흥미로웠다. 스웨덴 등 북유럽 국가들의 약진은 '복지의 승리' 또는 '진보의 승리'로 비쳐질 수 있다. 하지만 속을 들여다보면 꼭 그렇지만은 않다.

북유럽 국가들이 복지국가라는 사실에는 이견이 없다. 하지만 공공지출 비중은 점점 줄고 있다. 실제로 스웨덴의 국내총생산(GDP)에서 정부지출이 차지하는 비중은 1993년 67퍼센트에서 2013년 초 49퍼센트까지 낮아졌다. 이에 따라 세율도 낮아졌다. 1983년 84퍼센트까지 갔던 소득세 최고한계세율은 2013년 57퍼센트까지 낮아진 상태다. 재산세·증여세·상속세 등 각종 세금을 완화하거나 폐지하기도 했다. 또 2013년 법인세 최고세율도 26.3퍼센트에서 22퍼센트로 삭감하기로 했다. 어찌 보면 복지를 축소 중인 것이다.

물론 이들은 한국보다는 정부지출이 큰 나라들이며 강력한 복지서비스를 제공한다. 한국의 GDP 대비 정부지출 비중은

30퍼센트 수준으로 여기서 이미 큰 차이가 난다. 복지 관련 지출만 따지면 차이는 더 커질 것이다. 또 북유럽 공공부문 인력은 전체 노동인구의 30퍼센트인데, OECD 평균의 두 배가량이니 여전히 높은 비중을 차지한다.

다른 영역들도 눈에 띈다. 이들은 복지국가이면서도 재정건전성을 유지하면서 국가부채를 줄이는 쪽으로 방향을 틀었다. GDP 대비 국가부채 규모는 30~50퍼센트인데, 100퍼센트를 넘는 미국이나 80퍼센트를 넘는 유럽연합보다도 훨씬 낮다. 이런 방향 덕에 국가신용등급은 다들 AAA를 유지하고 있다.

노동과 교육 쪽도 의외다. 전반적으로 자율과 경쟁을 도입하고 장려하는 방향이다.

덴마크는 유럽에서 가장 자유로운 노동시장을 만들었다. 해고가 자유로운 대신, 일자리가 없는 사람들에 대한 교육과 재취업 알선 지원을 매우 강화했다. 강한 복지 덕에 일자리가 없어도 생존에 대한 위협을 덜 느끼는 사회 분위기가 정착되어 있다.

교육의 경우 상당 부분 자유화를 진행 중이다. 스웨덴은 학교 바우처제도를 적극 도입해, 사립학교와 공립학교가 경쟁하게 만들었다. 기업이 공공사업에 진출하는 길도 열어줬다. 핀란드는 벤처캐피털과 엔젤 투자를 적극 장려한다. '앵그리버드'가 핀란드에서 나온 것은 우연이 아니다.

시장에서의 변화는 많은 새로운 기업들의 진입을 촉진했
다. 과거 북유럽 경제 모델은 노키아, 에릭슨 등 몇몇 기업이
내는 세금에 국가재정이 크게 의존하는 방식이었다. 사회적
비용을 지나치게 대기업에 전가해 기업들이 무너지면 국가도
흔들릴 수밖에 없는 형국이었다. 하지만 이제 상황이 달라졌
다. 예를 들어 노키아 같은 기업이 어려워지더라도 그 아래를
받쳐줄 여러 작은 기업들의 생태계가 생겨나고 있는 것이다.

북유럽 모델은 우리에게 여러 가지 생각거리를 던져준다.
무엇보다도 중요한 메시지는 한 사회는 아주 많은 요소의 다
양한 조합으로 이뤄진다는 것, 어찌 보면 당연한 사실이다.

한국사회에서 사회 전체의 디자인을 놓고 벌어진 논쟁은
기껏 미국식 시장만능주의와 과거 대륙유럽식 복지국가 모델
정도일 것이다. '시장에서 경쟁을 통해 모든 것을 결정하는 나
라'와 '국가가 모든 것을 계획하고 책임지는 나라' 정도의 거
친 구분법이 활개를 친다. 보수진영에서는 기업과 시장에 모
든 것을 맡겨야 하며 해고가 자유로워져야 일자리가 늘어난
다고 외친다. 진보진영에서는 기업과 시장이 개인의 삶을 파
괴하지 않도록 국가가 역할을 키워야 하며 해고는 살인이라
고 외친다.

하지만 세상은 그리 단순하지 않다. 지금 북유럽 모델만 놓
고 따져봐도 그렇다. 이들 국가는 복지만 놓고 보면 진보적이

다. 비중이 낮아지고는 있지만 여전히 공공지출이 높고 공공
부문에서도 많은 인력을 유지하고 있다.

노동 분야만 놓고 보면 보수적인 듯 보인다. 이른바 미국식
'신자유주의' 모델로 보이기까지 한다. 해고가 쉽다는 점에서
그렇다. 그러나 실업자 재교육 등 적극적 노동시장 정책에 상
당한 재원을 투입하며 해고자를 보호하고 재취업시키려 노력
한다는 점에서는 진보적 태도를 보인다.

교육은 보수적이면서 동시에 진보적이다. 학교 간 경쟁을
허용한다는 점에서는 보수적이지만, 일관된 가치보다는 다
양한 가치를 학생들에게 가르치려 한다는 점에서는 진보적이
다. 재정건전성 측면에서는 보수적이다. 균형재정을 달성하
며 적자를 피하고 국가부채를 줄이려 노력하고 있다. 국제관
계는 진보적으로 보인다. 인권·민주주의·환경보존 등 진보적
가치를 지지하는 목소리를 적극적으로 내는 편이다.

얼핏 보면 보수적인 것도 진보적인 것도 아닌 좀 이상해 보
이는 조합이지만, 북유럽 모델은 상당한 수준의 내적 합리성
을 갖고 있다. 보편적 복지를 지향하면서도 노동시장에서는
대체로 유연성과 역동성을 추구한다는 점에서 그렇다.

실제로 복지의 보편성이 높다면 '해고는 살인'이라는 생각
은 자리 잡기 어렵다. 일자리를 갖지 않더라도 다양한 복지서
비스를 활용하며 살 수 있는 여지가 상대적으로 크기 때문이

다. 사회가 보장하는 '사회임금'이 높아지면서 고용주가 제공하는 '사적 임금'으로부터 자유로워질 여지가 생기는 것이다. 노동유연성은 회사와 노동자 양쪽에 모두 해당되는데, 회사 쪽에서 보면 경영상황 변화에 따른 재배치나 인원감축이 상대적으로 용이하며, 노동자 쪽에서 보면 이동이나 파트타임 등으로의 업무시간 조정 등이 상대적으로 용이하다. 부자들과 기업들은 상대적으로 높은 세율을 감당하며 복지제도를 떠받친다. 그 대신 인력조정을 상대적으로 자유롭게 하며 외부환경에 유연하게 대처할 수 있다는 이점을 얻는다.

모든 사람이 한 직장에서 정규직으로 오래 일하는 것이 이상적이라고 여긴다면, 그들의 복지는 직장을 통해 실현되리라 기대할 수 있을 것이다. 고용주가 제공하는 '사적 임금' 비중이 높아지는 것이다. 이게 과거의 평생직장 개념이다. 이렇게 되면 국가 복지서비스의 양과 질을 높이지 않고도 사회를 유지할 여력이 커진다.

한국식으로 질문을 던져보자. 이런 북유럽 국가들은 좌파 국가인가 우파 국가인가? 또는 진보적 정책을 채택한 나라인가 보수적 정책을 채택한 나라인가? 대답하기가 쉽지 않다. 다만 그 나라들이 채택한 조합이 있을 뿐이다. 그리고 그 조합이 대표하는 삶이 있는 것이다.

변화의 시작을 위한 장치들

앞서 지적한 대로, 한국사회에서도 산업화와 민주화 시대를 넘어서는 새로운 조합, 새로운 사회디자인에 대한 논의가 시급하다. 예를 들면 북유럽 모델 같은 새로운 사회모델의 상을 그리고 공유해야 한다. 그래야 산업화와 민주화 과정을 거치면서 엄청나게 성장했지만 행복하지 않은 한국사회의 딜레마에서 탈출해 미래로 걸어갈 수 있다.

하지만 현재 환경은 좋지 않다. 정치는 양쪽으로 나뉘어 단단한 요새를 쌓은 채 새로운 정책적 상상력을 오히려 가로막고 있다. 민간 영역의 정책 생산능력은 기업과 관료 조직에 편중되어 있는데, 이들은 견고하게 과거 질서를 옹호한다. 혁신적 아이디어를 만들고 실험적으로 실천해야 할 NGO들은 점점 더 가난해지고 있으며 인재가 말라가고 있다. 새로운 아이디어를 소개하고 공론의 장에서 진지하게 검증되어야 할 미디어는 초단기적 시각의 보도로 클릭 수를 올리는 데만 열을 올리고 있다. 국민 상당수는 포털사이트에 뜨는 선정적 뉴스만을 우리 사회에 대한 지식으로 공유한다.

이런 상황에서 한국사회가 그려야 할 큰 그림(big picture)에 대한 논의가 일어나고 공론화되려면 무엇이 필요할까? 결국 가장 중요한 문제는 정치가 제 기능을 회복하는 것이다. 이때

'정치'란 여의도 국회에서 벌어지는 일을 중심으로 한 좁은 의미가 아니다. 정당은 물론 정책지식을 생산하는 민간 전문가들 그리고 대중에게 지식을 공급하는 미디어를 포괄하는 넓은 의미다. 이 모두가 함께 변화하지 않고는 미래 한국사회의 큰 그림에 대한 토론은 한 발짝도 진전되기 어려울 것이다.

막힌 물꼬를 트고 대화가 시작되려면 우선 필요한 네 가지 장치가 있다.

첫째, 독립적 싱크탱크가 생겨나고 제 역할을 해야 한다. 독립적 싱크탱크는 정책토론의 발화점을 제공한다. 사회를 보는 새로운 관점과 구체적 대안을 지속적으로 제공해 정치인과 시민이 정책 입안과 토론에 활용할 수 있도록 해준다.

둘째, 시민사회를 지원하는 민간 재단법인의 역할이 커져야 한다. 민간 재단법인은 이런 싱크탱크 활동을 포함해 NGO 영역에서 혁신적 아이디어를 내고 실천하는 사람들이 성장할 수 있는 재정적 기반을 제공한다.

셋째, 새로운 아이디어가 유입될 수 있도록 정치제도가 변화해야 한다. 정당과 선거제도가 변화해야 이런 새로운 아이디어가 현실정치에 유입될 수 있다. 또 세대 협치(協治)는 먼 미래에 대한 관심이 더 높을 수밖에 없는 젊은 세대의 생각을 현실정치에 반영할 수 있는 체계다.

넷째, 느리지만 깊이 있고 정확한 미디어가 성장해야 한다.

결국 이런 아이디어가 시민들에게 확산되어야 사회 전체가 바뀌며 정치도 변화할 여지를 얻게 되는데, 이를 위해서는 느리지만 진지한 미디어가 만들어지고 성장해야 한다.

이들을 하나씩 짚어보도록 하자.

싱크탱크, 혁신적 정책 생산의 산실

노무현 전 대통령은 당선 뒤 인수위원회 시절 삼성경제연구소로부터 보고서를 받았다는 사실 때문에 끊임없이 비판받아야 했다. '국민소득 2만 달러'라는 양적 성장 비전이나 한미 FTA 같은 성장위주·시장확장형 정책방향이 그 보고서의 영향으로 생겨났고, 그 때문에 양극화가 더 심해졌다는 비판이었다.

나는 이런 비판을 들을 때마다 한편으로는 공감하면서도 마음 한 켠에선 불편함이 느껴진다. 아마도 그런 조사연구를 시킬 만한 마땅한 곳이 달리 없었으리라는 생각 때문이다. 진보적이고 개혁적인 대통령이 집권하더라도, 구체적인 정책은 그동안 다른 입장을 견지하던 기업 연구소나 국책 연구기관에서 만들게 된다. 그것은 대통령이 의지가 없어서가 아니다. 의지를 뒷받침할 수 있는 기관과 사람이 부족하기 때문이다.

사실 많은 진보개혁 인사들이 중요한 가치를 정치인에게 손쉽게 아웃소싱한다. 하지만 그들은 당선된 순간 '갑'의 행세를 시작한다. 그 정부가 현실과 타협하는 찰나, 기다렸다는 듯 그들을 거칠게 비판한다. 마치 품질이나 납기를 맞추지 못한 협력업체를 다루듯 말이다.

그런데 문제는, 많은 경우에 이 대통령들 역시 하청 받은 진보·개혁적 가치를 구체화할 기술을 갖지 못했다는 것이다. 그들에게 주어진 정부조직에는 새로운 가치를 구현할 만한 싱크탱크가 없었다. 정당은 딱 선거에서 이길 수 있을 만큼만 준비가 되었을 뿐 각 부처에서 쏟아져 나오는 수많은 정책을 자신의 가치에 맞게 구성하는 일을 해낼 준비는 되어 있지 않았다. 그들은 늘 바다에 떠 있는 섬과 같았다. 그런 상황에서는 삼성경제연구소나 정부관료들의 보고서가 오히려 반가웠을 것이다.

미국만 해도 우리와는 아주 다르다. 로널드 레이건 전 대통령의 경우를 보자. 1980년 미국 대통령에 취임했던 레이건은 미국 보수주의 정치와 시장만능주의 경제를 본격 도입한 인물로 알려져 있다. 미국에서 시작된 이 흐름은 전 세계로 번져, 한국이 IMF 구제금융 사태를 맞고 현재의 경제체제까지 오게 된 출발점이 됐다.

그러나 보수주의와 시장만능주의는 그가 만든 게 아니다. 미국에서는 1960년대부터 이미 사회를 보수적으로 바꾸어

야 한다는 생각이 광범위하게 퍼지기 시작했다. 그런 생각
은 1973년 출범한 보수적 싱크탱크 '헤리티지재단(The Heritage
Foundation)'에 고스란히 담겼다. 그 뒤 헤리티지재단은 보수적
지식의 진지 역할을 하며 미국사회에 그 가치를 확산시켰다.
결국 레이건의 집권과 정책방향 설정에 결정적 역할을 한다.

버락 오바마도 달랐다. 2008년 미국 대통령에 취임한 오바
마는 레이건 시절부터 짜인 보수주의와 시장만능주의에 변화
를 꾀할 것이라는 기대를 얻고 있다. 특히 의료보험 같은 공공
부문을 강화하고, '사회혁신' 개념을 도입해 새로운 사회문제
해결책을 내놓을 것이라는 기대를 모은다.

그러나 이런 새로운 방향 역시 그가 만든 게 아니다. 2003년
'진보진영의 헤리티지재단'을 표방하며 설립된 진보적 싱크
탱크 '미국진보센터(Center for American Progress)'는 5년 동안 일관되
게 대안을 만들어왔다.

미국과 한국은 무엇이 달랐던 것일까. 사람과 가치 가운데
어느 것이 먼저였느냐에 그 차이가 있다. 레이건이 먼저 있고
시장만능주의가 있었던 게 아니다. 보수주의가 먼저 있었고,
그 가치를 담는 그릇으로서의 독립적 싱크탱크가 있었으며,
그러고 나서 레이건이 있었다. 오바마도 마찬가지다. 그래서
그들은 외로워 보이지 않는다. 그들이 사라져도 그 가치는 사
라지지 않으리라는 믿음이 든다.

그 가치를 중심에 놓고 워싱턴 정가 주변에는 끊임없는 토론이 벌어진다. 싱크탱크들은 정치인 개인을 보좌하는 역할을 하는 게 아니라, 특정한 가치를 뒷받침하는 정책 아이디어를 만들어내고 옹호하는 역할을 한다. 보수주의, 자유주의, 진보주의 등 다양한 가치에 맞는 싱크탱크가 다양하게 존재한다. 각 싱크탱크 연구원들은 의원들에게 연구보고서를 전달해 입법화에 기여하며, 의회 청문회에서 증언함으로써 자신의 아이디어를 전파한다. 나라를 지탱하는 가치에 대해, 또 그 가치를 구현하기 위한 분야별 정책조합에 대해 활발한 토론이 일어나는 배경이 여기 있다.

이들은 자신의 가치에 맞는 정치인이 집권하면, 적극적으로 백악관과 의회에 보좌진으로 진출해 자신의 생각을 실천에 옮긴다. 그러다가도 정권을 잃고 나면 다시 싱크탱크로 돌아와 연구활동을 이어가며 실력을 키운다. 이른바 '회전문 인사'의 긍정적 버전이다.

독립적 싱크탱크는 비영리 부문의 중요한 축으로 역할하면서 정치와 사회를 잇는 역할을 할 수 있다. 그리고 정치부문과 비영리부문에 끊임없이 새로운 아이디어와 사람을 공급하는 저수지 역할을 할 수 있다. 이곳을 통해 정책전문가가 육성되고, 다음 정부의 정책보좌진이 선발되고 검증된다.

한국의 경우 어떤 가치를 지향할지 마음 깊이 품은 대통령이 선거를 통해 당선되었다 하더라도 어떤 정책조합이 이런 가치를 지탱해줄 수 있을지 명확히 하지 않은 채 집권했을 것이다. 이런 생각을 명확하고 상세하고 만들어줄 싱크탱크가 없기 때문이다. 선거와 정치가 정책 중심이 되려면 새로운 가치와 생각을 담는 그릇으로서의 싱크탱크가 반드시 필요하다.

이런 싱크탱크를 운영하는 재원은 나라마다 다르다. 독일의 경우 정당과 연결된 재단법인이 이런 일을 한다. 기민당과 연결된 아데나워재단과 사민당과 연결된 에버트재단은 독일뿐 아니라 세계 각국에서 자신들과 가치를 공유하는 NGO를 찾아 활동을 지원한다.

미국 싱크탱크들은 민간의 자발적 참여로 만들어진 비영리재단이다. 헤리티지재단은 맥주 재벌 조지프 쿠어스(Joseph Coors) 등 거액기부자도 참여했지만, 재원 가운데 상당 부분은 한 달에 25~50달러를 내는 소액기부자로부터 나왔다. 미국진보센터는 금융계의 거부 조지 소로스의 오픈 소사이어티 인스티튜트와 샌들러 부부(영화배우인 애던 샌들러와 재키 샌들러) 등 그 가치에 동의하는 민간기부자가 자금을 댔다.

물론 이런 기부가 우발적인 것은 아니다. 미국에서는 이런 싱크탱크를 포함해 비영리활동 전반에 대한 지원에 재단법인들이 핵심적 역할을 하고 있다. 민간재단은 미국을 지탱하는 중요한 시스템이라 할 수 있다.

재단법인, 지적 실험의 서포터

1971년 중국은 미국 탁구선수단 15명을 베이징으로 공식 초청했다. 일본 나고야에서 열린 세계탁구선수권대회 직후였다. 파격이었다. 정치적 파장은 엄청났다. 두 나라 사이에 우호관계가 시작되었음을 알리는 신호탄이었기 때문이다.

당시에는 냉전이 최고조에 달해 사회주의 국가인 중국과 미국 사이에도 긴장감이 감돌 때였다. 한국에서는 북한을 '북괴'라고 부르듯 중국을 '중공'이라 부르던 시절이었다. 중국과 서구 국가들 사이에서 교류라고는 거의 찾아보기 어려울 때였고, 서방 언론은 중국을 '죽(竹)의 장막'으로 가려진 나라라고 불렀다.

'핑퐁 외교'라고 불린 이 작품은 헨리 키신저(Henry Kissinger) 당시 미국 대통령 안보담당 특별보좌관의 작품인 것으로 알려졌다. 키신저는 보수적인 공화당 소속의 리처드 닉슨 대통령이 냉전을 완화하는 역할을 할 수 있도록 이끈 참모였다. 키신저는 탁구단 방문 석 달 뒤 중국을 직접 방문해 저우언라이를 만났으며 닉슨 대통령과 마오쩌둥 주석의 역사적 회담 계획을 발표했다.

닉슨은 1972년 2월 베이징을 방문한다. 역사의 물줄기가 또 한번 바뀌는 순간이었다. 이 장면은 전 세계의 이목을 끌었다.

그런데 세계인이 주목하지 않은 이면이 있다. 이런 역할을 한 헨리 키신저가 성장한 배경에 미국의 민간재단인 록펠러재단이 있다는 사실이다.

록펠러재단은 헨리 키신저가 대학원생 때부터 그를 성장하도록 돕는다. 그는 하버드대에서 박사학위를 받은 뒤 '하버드 인터내셔널 세미나(International Seminar)'의 책임을 맡아 운영을 시작한다. 이 세미나는 교수와 학생들이 함께 국제관계에 대한 연구와 강연을 진행하는 프로그램이었는데, 이 프로그램은 키신저가 향후 외교계에서 영향력을 갖는 기반이 된다. 세계적 외교관들이 이 세미나를 방문해 그들과 함께 토론하는 시간을 가질 수 있었기 때문이다. 이때 만난 인물들은 키신저가 향후 외교활동을 펼치는 데 중요한 자산이 된다. 이 자산을 바탕으로 미·중 관계 회복이라는 중대한 외교적 성과를 거둔 키신저는 1973년 노벨평화상을 수상하기에 이른다.

바로 이 프로그램이 록펠러재단의 지원을 받았다. 록펠러재단은 석유재벌인 앤드루 록펠러(Anderw Rockfeller)가 자신의 재산을 기부해 만든 재단이다. 키신저처럼 장래가 촉망받는 전문가를 키우는 역할을 하기도 하고 의미 있으며 혁신적인 비영리기관을 설립하고 지원한다. 연간 기부액이 1,500억 원가량인 세계 최대 민간재단이다.

록펠러재단은 하버드와 존스홉킨스에 공중보건대학원이

처음 생기는 데도 기여했다. 당시 공중보건은 의료에서 매우 새로운 개념이었다. 또한 재클린 노보그라츠(Jacqueline Novegrat)가 설립한 어큐먼펀드(Acumen Fund) 설립에도 기부한다. 어큐먼펀드는 사회문제 해결을 위한 혁신적 노력을 하는 사회적기업가들에게 투자하는 세계 최대 규모의 비영리 벤처캐피털이다.

딘 베이커(Dean Baker) 소장이 이끄는 경제정책연구센터(CEPR)는 미국 워싱턴에 있는 싱크탱크다. 특정 정파나 기업의 영향을 받지 않고 독립적 제안을 서슴지 않는 것으로 유명하다. 그리고 그 비판은 늘 사실과 논리에 기초한다. 〈뉴욕 타임스〉, 〈가디언〉, 〈워싱턴 포스트〉 등 권위 있는 영미권 매체에는 이 연구센터의 이야기가 자주 인용된다. '사실에 기반한 비판' 하나만으로 워싱턴 정가에 적지 않은 영향력을 갖는 경제 싱크탱크가 된 것이다.

이 연구소는 어떤 재원으로 운영되기에 완전한 독립성을 유지할까? 선의의 기부금이다. 포드재단의 지원이 결정적 구실을 했다. 사실 포드재단은 워싱턴 DC에 있는 수많은 독립적 싱크탱크의 산파 역할을 했다. 더욱이 일회성 지원에 머무르지 않고 3년이나 7년씩 지원을 이어가며 지속적으로 조직을 육성한다. 워싱턴에는 브루킹스, 헤리티지, 미국진보센터 같은 대규모 싱크탱크 이외에도, 딘 베이커의 CEPR처럼 새롭게 등장해 성장하는 싱크탱크들이 다양하게 존재해 풍부한 지식 생태계를 만들고 있다.

포드재단 등 민간재단은 이런 작은 싱크탱크들이 출발할 수 있도록 자금도 지원하지만, 이런 재단이 공신력과 네트워크를 통해 언론에 알려지고 영향력이 커지도록 돕기도 한다. 이런 과정을 거쳐 영향력과 자체 후원자를 확보한 싱크탱크는 재정적으로도 독립할 수 있게 된다. 실리콘밸리에서 벤처캐피털이 벤처기업의 인큐베이터 역할을 한다면, 재단법인들은 새로운 싱크탱크와 정책전문가들의 인큐베이터 역할을 하는 셈이다.

포드재단의 활동이 싱크탱크 지원에만 그치는 것은 아니다. 창의성 증진, 민주주의 가치 발전, 빈곤 감소를 내걸고, 사회문제를 해결하려는 혁신적 활동에 폭넓게 기부한다. 포드재단은 미국 자동차회사 포드의 창업자인 헨리 포드(Henry Ford)가 1936년에 사재를 털어 세운 재단이다. 자산이 10조 원가량이며 연간 5,000억 원가량을 기부한다. 기부대상은 민주주의적 가치, 지역공동체 발전, 교육, 미디어, 문화예술, 인권 관련 활동 등이다. 세상을 바꾸려는 지적 실험에 주로 기부하는 것이다.

포드재단은 1960년대에 미국의 공영방송 PBS가 출범하는 데도 중요한 기여를 한다. 미국 공중파 텔레비전 방송은

PBS를 제외하면 모두 상업방송이다. 〈세서미 스트리트(Sesame Street)〉 등 공익적 프로그램을 다수 성공시킨 PBS는 비영리 재단법인 형태로 출범했는데, 이 재단에 포드재단이 상당액을 기부해 출범이 가능했다. 포드재단은 지금도 PBS에 매년 기부하고 있다.

포드재단은 1970년대에는 세계 최초 마이크로크레디트 기관인 방글라데시 그라민은행 설립을 지원했다. 가난한 이들에게 신용대출을 해줘 창업을 통해 가난을 벗게 만들자는 아이디어는 당시 혁신적이었다. 사람들의 의구심 속에 설립된 그라민은행의 방식은 세계로 퍼져나갔고, 이 기관을 설립한 무함마드 유누스(Muhammad Yunus) 총재는 이후 노벨평화상을 받는다.

새로운 형태의 지원기관으로 아쇼카(Ashoka)도 주목할 만하다. 인도에서 시작했으나 미국에 본부를 둔 사회혁신가 양성 지원기관인 아쇼카는 '아쇼카 펠로'라는 제도를 통해 혁신적 비영리활동가를 발굴해 그가 자유롭게 활동할 수 있도록 생활비를 지원하고 아쇼카가 보유한 국제네트워크에도 참여할 수 있게 해준다. 기관이나 프로그램에 지원금을 주는 게 아니라 아예 사람에게 생활비로든 사업비로든 자유롭게 쓸 지원금을 주는 것이다. 그 사람이 매우 유연하게 움직일 수 있는 여지를 준다는 점에서 아쇼카 프로그램은 매우 큰 의미를 지닌다. 사회를 바꿀 만한 사람을 처음부터 육성한다는 의미다.

한국에서는 아름다운가게의 '뷰티풀 펠로' 프로그램을 주목할 만하다. 지역에서 사회혁신에 기여한다고 검증된 활동가들에게 매년 일정한 금액을 지원하고 자유롭게 쓰도록 하는 프로그램이다. 사람을 키우는 아쇼카 형태의 한국판이다.

이런 재단법인들의 기부 프로그램은 지금 한국사회에 반드시 필요한 장치다. 기부에도 혁신이 필요한 단계라는 이야기다. 사실 한국에서도 기부는 점점 늘어나고 있다. 소액기부도, 부자들의 거액기부도 함께 늘고 있다. 아름다운 일이다. 어떤 동기에서든 그들의 결단은 소중하다.

그런데 비영리 부문의 혁신이라는 관점에서 보면 한국의 기부문화는 여전히 부족해 보인다. 문제는 기부금을 사용하려는 영역이다. 기부자 대부분이 여전히 사회복지 영역에 기부하겠다고 말하고 있는 것이다. 즉 어려운 학생들에게 장학금을 주겠다고 말한다. 굶는 아이들에게 양식을 제공하겠다고 말한다. 현대판 '구휼'을 하겠다는 것이다.

전통사회에서는 흉년이 들면 부자가 곳간을 열어 마을 주민들을 먹였다. 하지만 현대사회에서 구휼은 가진 자의 몫이 아니다. 국가의 몫이다. 아무리 큰 부자라도 사회 전체의 빈곤을 사재로 해결하지는 못한다. 그러니 제도로 해결해야 한다. 대다수의 정치세력은 이미 복지국가를 주요 정책으로 내세우고 있다. 국가가 제 역할을 하기 시작하면 구휼의 유효기간은 끝난다.

민간기부가 더 필요한 곳은 따로 있다. 사회문제 해결을 위한 지적 실험에 기부되어야 하는 것이다. 누군가는 미래 사회의 그림을 계속 그리고 실험해야 하는데, 여기에는 독립적 재원이 필요하다. 그런 곳에는 정부가 기여하기 힘들다. 세금을 실험에 쏟아붓기가 쉽지 않을뿐더러, 정부 돈을 받은 실험이 정말 실험적이기도 어려운 법이다. 한국의 현재 상황은 매우 척박하다. 사실상 재원이 전혀 없다.

미국에서 포드재단, 록펠러재단, 아쇼카 등이 하는 일이 바로 이것이다. 빌 게이츠가 게이츠재단을 만들고 여기에 워런 버핏이 거액을 기부하듯이, 이런 재단들은 독지가의 기부로 주로 만들어지고 운영된다. 독일의 에버트재단과 아데나워재단이 하는 일도 비슷하다. 이들은 정부와 정당의 재원으로 이런 일을 한다.

우선 독립적 싱크탱크들이 이 재원에 기대어 자기 목소리를 낸다. 실험적 사회과학 연구도 여기서 재원을 마련한다. 상업성을 배제한 새로운 미디어도 여기서 싹을 틔웠다. 새로운 기업 그리고 색다른 모델의 비영리단체에 투자하는 벤처캐피털도 여기서 종잣돈을 마련했다. 모두 정부가 하기는 어려운 일이다.

한국에 제대로 된 정책토론이 이뤄지고 사회혁신이 일어나려면 새로운 기부재원이 필요하다. 그런 기부에 나설 혁신적 기부자도 필요하다. 새로운 기부자들이 해야 할 일은 고기를 잡아주는 일이 아니다. 고기 잡는 법을 가르치는 일도 넘어서야 한다. 어업 자체를 혁신하는 지적 실험이 바로 그들이 관심을 가져야 할 일이다.

새로운 정치의 가능성

정치가 알아서 사회를 바꿔주리라 생각하는 정치만능주의는 틀린 생각이다. 선거 때면 사람들은 유행처럼 정치만능주의에 빠져든다. 그래서 자신이 지지하는 이의 당선에 어마어마한 강도의 감정이입을 한다. 대통령 선거 전후 나라는 정확하게 둘로 갈라진다. 사람들은 누구에게 투표하느냐로 자신과 타인의 정체성을 확인한다. 정체성이 다른 이들에게는 가차없는 증오를 보여준다. 그리고 한 표를 행사하고는 많은 일을 했다고 생각한다. 자신이 지지한 후보가 당선되지 않으면 심각한 심리적 좌절에 빠져든다.

2012년 대통령 선거에서 많은 사람이 겪었던 일이다. 증오는 선거 이후까지 이어진다. 내가 찍은 사람이 지면 곧바로 이긴 사람을 조롱하고 손가락질하는 증오의 대열에 합류한다. 자신이 찍은 사람이 이겼다면 나의 가치와 이익을 잘 지켜주는지 가만히 지켜보다가 이내 실망하고 손가락질한다. 순수성을 조금이라도 훼손하는 모습을 보이면 아무리 지지했던 정치인이라도 증오의 대상이 되는 것은 순식간이다.

그리고 오래지 않아 정치는 아무것도 해결해주지 못한다며 정치인 전체를 조롱하고 질타한다. 정치인이 하는 행위는 모두 사악하고 혐오스러운 것으로 치부한다. 정치만능주의는 곧 정치무능주의로 연결된다.

어쩌다 우리는 정치만능주의와 정치무능주의라는 극단적인 두 가지 생각 사이를 냉온탕처럼 오가며 살아가게 되었을까? 정치가 새로운 아이디어를 받아들여 사회를 미래로 밀어가는 일을 하는 곳이 아니라, 현재의 권력을 쟁취하기 위해 제로섬 게임을 벌이는 싸움터가 되어버렸기 때문이다. 정치인들은 과거에 대해 논쟁하면서 정당성을 획득해, 이를 무기로 이 제로섬 게임에 임한다.

의회는 원래 국민의 다양한 의견을 모아 토론하고 상충되는 부분을 조정하는 기능을 갖는 곳이다. 생각이 다른 사람들이 자신의 생각을 대표해 말할 정당 소속 정치인을 의회로 보내기 위해 선거를 치르고 투표를 한다. 당선된 정치인들은 의회에서 치열한 논쟁을 벌인다. 여러 의견을 가진 정당이 경쟁하면서, 이 가운데 선거에서 많은 국민의 선택을 받은 정당의 의견이 더 반영되는 방향으로 의회가 운영된다. 이 과정에서 자연스레 국민의견이 수렴되는 효과가 나타난다.

운영과정에서 소수정당은 자신의 의견을 조금이라도 반영시키기 위해 다수당과 협력하기도 한다. 다수당은 다수 의석을 확보해 권력을 유지하기 위해서라도 소수의견을 일부 받아들이게 된다. 생각이 다름을 드러내지만 그 가운데서도 당장 함께할 수 있는 일을 찾는 것이다.

이 과정에서 사회디자인에 대한 새로운 아이디어가 현실정치로 끊임없이 유입된다. 가치가 분명한 싱크탱크와 전문가들이 새로운 사회디자인 아이디어를 내고, 이를 중심으로 정당이 만들어진다. 선거 때마다 정당들은 미래를 놓고 겨룬다. 다수파와 소수파는 함께 의회에 진출해 사안별로 대립하거나 협력한다. 이 과정에서 세상은 미래를 향해 조금씩 움직인다. 이게 상식적인 정치과정이다. 하지만 51 대 49의 양당 구도 아래서 이런 과정은 나타나기 어렵다. 이 구도 아래서는 어느 정당도 상대당과 협력할 필요를 느끼지 못하기 때문이다.

정당은 기본적으로 권력을 잡는 것을 목표로 하는 집단이다. 그런데 이 구도에서 소수당은 다수당과 협력해야 할 유인이 없다. 최대한 효과적으로 반대하면서 다음 선거를 기다리는 것이 어찌 보면 가장 좋은 전략이다. 또 다수당 입장에서도 소수당과 협력해야 할 유인이 없다. 최대한 효과적으로 소수당을 무시하고 국정을 운영하는 게 가장 좋은 전략이다. 어느 정부가 집권해도 날치기 파동이 일어나는 것은 그래서다.

그런데 한국의 권력구조와 대통령 및 국회의원 선출방식은 51 대 49의 양당 구도가 나오도록 설계되어 있다. 대통령, 국회의원, 지자체 선출직 선거 모두가 소선거구제에 최대다수 득표자 1명이 승리를 거머쥐는 승자독식구조로 설계되어 있는 것이다. 이런 구조에서는 새로운 세력, 제3의 세력이 자리 잡기가 어렵다. 특히 새로운 생각을 갖고 기존의 정당구조를 바꾸려는 정당일수록 더 어렵다.

어느 개그맨이 만든 유행어 "1등만 기억하는 더러운 세상"은 한국 선거제도에도 적용되는 말이다. 선거제도가 두 개 정당의 독점구조를 체계적으로 유도하는 셈이다. 경제용어로 말하자면 시장점유율 상위 2개 업체의 복점(duopoly)이 제도적으로 보장됨으로써 이들에게만 초과이윤이 주어지는 상황이다.

물론 이런 선거제도가 등장하게 된 데는 '민주화'라는 중요한 역사적 배경이 있다. 1987년 개헌으로 대통령 직선제와 국회의원 소선거구제가 도입되기 전까지, 한국은 대통령 간접선거와 국회의원 중선거구제를 채택하고 있었다. 전두환 전 대통령 집권 기간과 박정희 전 대통령 집권 후반기에는 한 개 선거구에서 두 명의 국회의원을 뽑는 중대선거구제를 운영했다. 하지만 명목상 대통령과 국회의원 선거가 있었을 뿐 군사 독재 시절이었다. 이러던 것을 1987년에 민주화와 함께 대통령 직선제와 국회의원 소선거구제로 돌려놓았던 것이다.

1987년 당시 한국정치의 핵심 문제는 '다수의 의견이 반영되지 않는 정치구조'였다. 그야말로 형식적 민주주의의 문제였던 것이다. 따라서 다수 의견이 더 잘 반영되는 정치제도를 도입하는 것이 중요했다. 다수 후보가 나와 단순 지지율만으로 승부를 가르는 대통령 직선제는 큰 시비 없이 다수 의견을 반영해 대통령을 선출하는 제도다. 한 개 선거구에서 최다득표를 한 사람을 국회의원으로 선출하는 소선거구제도 마찬가지다. 과거 중대선거구제나 간선제의 폐해를 가장 확실히 없앨 수 있는 선거제도를 민주화에 따른 개헌과정에서 도입한 것이다.

하지만 이젠 한국정치의 핵심 문제가 바뀌었다. 현재의 문제는 1987년과는 반대로 '소수의 의견이 반영되지 않는 정치구조'다. 정확히 말하면 '소수의 의견은 들을 수 없게 설계된 정치구조'가 문제다. 결선투표 없는 대통령 직선제, 국회의원 소선거구제, 지역기반을 갖춘 양대 정당의 강력한 힘, 취약한 지방자치제도 등이 모두 이를 뒷받침한다.

사실 새로운 아이디어는 늘 소수의 지지에서 출발하기 마련이다. 미래 사회의 디자인이나 아주 새로운 정책 아이디어가 나오자마자 50퍼센트 이상 국민의 지지를 받는 일이 벌어지기는 거의 불가능하다. 그렇다면 그 아이디어가 5퍼센트나 10퍼센트의 지지로라도 일단 의회에 진입해 토론할 수 있는 구조를 만드는 게 필요하다. 그래야 새로운 아이디어가 끊임없이 현실정치에 유입되고 토론되면서 사회가 미래를 향해 움직일 수 있다. 하지만 승자독식 선거제도 아래에서 이런 아이디어를 가진 정당이나 후보는 지역구에서 당선될 수 없다. 대통령 선거에서는 양대 정당 후보 이외에는 끝까지 뛰면서 국민들을 설득할 여지를 갖지 못한다. 소수정당은 후보를 내지도 못하거나, 후보를 내더라도 끊임없이 사퇴압력에 시달린다.

독일의 경우 전통적 보수정당과 진보정당 이외에도 녹색당이나 해적당 같은 새로운 이념과 구조를 가진 정당이 끊임없이 등장하고 성장하면서 기존 정치권을 자극한다. 녹색당은 실제로 연정을 통해 집권하면서 상당한 변화를 만들어냈다. 일본 후쿠시마 원전 사고 직후 독일이 가장 먼저 원전 없는 국가가 되겠다고 선언한 데는 그만한 배경이 있었던 것이다.

그런데 이런 정치가 가능하려면 소수파도 당선되거나 연합을 통해 지분을 획득할 수 있는 선거제도가 도입되어야 한다. 국회의원 지역구 선거에 중대선거구제를 도입해 한 선거구에서 여러 명의 의원을 선출하는 것이 한 방법이다. 또 정당투표를 강화해 비례대표 비중을 획기적으로 늘리는 것도 방법이다. 대통령이나 지자체 선거에서 결선투표가 가능하게 해서 10~15퍼센트 득표한 후보도 다른 세력과 연합하며 지분을 얻을 수 있게 하는 것도 그런 방법 중 하나다. 대통령의 권한을 축소하고 장관 자리도 야당의 소수파에게 나눠주며 연합할 수 있는 구조를 만들어야 한다. 개인이 집권하는 대통령제가 아니라 정당이 집권하는 내각제에 가까운 요소가 가미되어야 하는 것이다.

하지만 이런 변화는 현재의 정당과 국회의원들이 기득권을 주장하지 않아야만 가능하다. 어려운 일이다. 노무현 전 대통령이 했던 일을 떠올리면 이게 얼마나 어려운 일인지 알 수 있다.

노 전 대통령은 재임 중 야당인 새누리당(당시 한나라당)에 대연정을 제안했다. 그는 당시 지역구도 타파를 위한 선거제도 개혁을 전제로 한나라당에 총리지명권과 내각구성권을 내주겠다고 제안했다. 영남에서는 보수, 호남에서는 진보가 독점적 지위를 차지하며 유지되던, 지역을 매개로 한 적대적 공존구도를 깨뜨리겠다는 구상이었다. 하지만 노 전 대통령의 제안은 자신의 지지자들로부터 격렬한 반발을 샀다. 기껏 어렵게 얻은 권력을 반대편에 넘겨주려 한다는 사실에 많은 사람이 분노했다. 결국 이 제안은 무산되고 말았다.

그런데 그때 노 전 대통령이 조건으로 내건 것은 무엇인가. 바로 지금 제시한 방향으로 선거제도를 개선하자는 것이었다. 그러고 보면 선거제도 개편이란 게 현직 대통령이 자리를 걸고 추진해도 어려운 일인 것이다. 하지만 여전히, 궁극적으로 한국정치가 좀 더 역동적이 되고 정책아이디어 중심의 경쟁이 이루어지려면 이런 방향의 선거제도 변화가 필요하다. 이를 어떻게 실현시킬지가 여전히 과제로 남아 있는 셈이다.

선거제도 개편이 최선이지만 만약 그게 너무나 실현가능성이 낮다면, 차선책으로 생각할 수 있는 방법이 정당 운영의 개혁이다. 다양한 생각을 흡수하고 토론할 수 있는 구조와 문화를 갖춘 정당을 만들어야 한다. 2012년 대통령 선거에서 야권에서 일어난 후보단일화 노력을 이와 비슷한 맥락에서 이해할 수 있을 것이다.

당시의 단일화 노력을 '정권교체를 위한 단일화'라는 선거공학으로만 이해하는 사람이 많았다. 실제로 단일화를 위해 뛰던 사람들조차 선거공학적 차원에서만 접근했다. 결국 이런 접근법은 야권이 선거에서 패배하게 만드는 원인으로 작용하기도 했다.

사실 단일화 노력의 이면에는 자유주의 및 진보 성향을 띤 여러 세력이 함께할 수 있는 넓은 정당 플랫폼을 만들겠다는 구상이 있었다. 안철수 후보는 중도층에서 얻은 폭넓은 지지를 기반으로 전통적 진보 지지자들을 흡수하면서 그런 플랫폼을 만들겠다는 구상을 했다. 그러나 후보사퇴를 하고 문재인 후보를 지지하면서 일단 그 구상은 접어야 했다. 문재인 후보와 민주당은 안철수 후보의 지지자들을 흡수하면서 스스로 그런 플랫폼이 되겠다는 바람이 있었던 것 같다. 하지만 결국 그 역시 패배와 함께 실패로 돌아가고 말았다. 모두 모아도 48퍼센트밖에 되지 않았으니, 당시 주어진 조건에서는 실현이 어려운 구상이었던 셈이다.

앞으로도 이런 구상이 가능할까? 여전히 여지는 남아 있다. 그러나 문제는 실제 운영 방식이다. 1991년의 3당 합당을 포함해 그동안 한국에서 벌어진 다양한 정치연합은 대부분 공학적 외형은 갖추었지만 내부 소통구조는 갖추지 못했다. 다양한 이념이 토론될 수 있는 구조를 갖추는 일은 기존 정당의 지배구조와 문화와 운영방식을 모두 바꿔야 가능한 일이다. 이를 해내는 구상은 어떤 정치세력에게서도 아직 명확하게 나타나고 있지 않다.

몇 가지 단초는 찾아볼 수 있다. 2012년 대통령 선거 과정에서 안철수 후보의 진심캠프가 '정책네트워크 내일'을 만들어 여러 전문가포럼과 자발적으로 참여한 국민포럼 사이의 수평적 네트워크를 조율하며 정책을 만들어낸 과정은 하나의 참고가 될 만하다. 실제 25개의 전문가포럼과 200여 개의 국민포럼이 구성되어 다양한 정책을 제시했고, 국민정책참여단을 통해 현장의 의견을 모았다. 그 결과가《안철수의 약속》이라는 종합정책집 출간으로 이어졌다. 짧은 기간이었고 선거 상황이라는 특수성이 있었지만, 다양한 이질적 의견을 모아 조율하고 종합하는 정책 실험을 치러본 셈이다.

문재인 후보 쪽에서는 〈국민명령 1호〉라는 웹사이트를 통해 국민들의 정책제안을 받았다. 공모전 형식을 띠었지만, 제안된 내용 가운데서 실제 공약을 채택했다는 점에서 역시 하나의 참고가 될 것이다. 실제로 문 후보는 당선된다면 정책제안 중 '장애인 등급제 폐지'를 첫 국무회의에서 의결하겠다고 약속했다. 시스템을 통해 다양한 생각을 지닌 국민의 직접참여를 이끌어내며 정책을 만들어가는 실험을 치러본 셈이다.

이런 단초는 여전히 실험 수준이다. 충분히 시스템화하지 못한 상태다. 상충되는 의견을 조율하는 거버넌스를 경험하며 만들어가야 할 것이고, 다수의 의견을 공유하며 토론할 수 있는 기술적 시스템도 경험을 통해 개선하며 만들어야 할 것이다. 하지만 서로 다른 의견 사이에 토론이 가능하고 폭넓은 의견을 수렴해 정책을 펼치겠다는 의지를 보였다는 사실만으로도 가능성은 보여준다.

새로운 정당은 다양한 생각을 포괄하는 외연을 갖는 것도 중요하지만, 이렇게 실제 토론과정을 잘 만들어가는 것이 관건이다. 그래야 사생결단의 싸움이 아니라 토론과 타협이 가능한 정당 플랫폼이 오래 지속될 수 있다.

다양한 의견은 또한 정당 내 '정파'의 형태로 존재할 수 있다. 그리고 정치상황에 따라 더 많은 지지를 얻는 정파가 정당 주도권을 쥐는 형태로 운영될 수 있다. 그런데 여기서 그 정파의 기반은 과거처럼 특정 인물이어서는 곤란하다. 다른 정파와 차별화된 정책과 이념이 그 중심에 있는 게 건전한 토론에도 도움이 된다.

정당 및 의회 거버넌스와 관련해 한 가지 더 생각할 것은 세대 문제다. 청년 일자리 문제가 그 어느 때보다 심각하다는 이야기가 나온 지 이미 여러 해가 지났다. 하지만 뾰족한 해법은 보이지 않는다.

현재의 중장년 세대는 산업화 과정에서 어려움을 많이 겪기도 하고 민주화 과정에 기여하면서 고초를 겪기도 했다. 그래도 그들이 성인인 동안에는 한국경제가 대체로 높은 성장률을 자랑했고 집값과 주식가격은 끊임없이 올랐다. 월급을 모아 집을 사는 게 가능한 시기에 경제활동을 했고, 사둔 집값은 오르기만 했다. 사회복지라는 개념조차 없이 오랜 기간을 살면서 어려움을 겪기도 했으나, 또 다른 맥락에서는 한창 경제활동을 하는 동안에는 부양할 노령인구가 적었고 복지제도가 미비했기 때문에 부담이 덜했고 노후를 맞은 시기에는 국가 복지제도의 혜택을 받으며 살 수 있게 됐다.

하지만 청년 세대는 전혀 다른 상황을 맞고 있다. 향후 한국의 복지제도는 더욱 강화될 것이다. 다시 말해 부양해야 할 고령인구는 점점 늘지만 일하는 사람은 줄어들어 1인당 부양부담이 점점 더 커질 것이다. 집을 사기도 쉽지 않을뿐더러 사둔 집값은 꾸준히 하락할 것이다. 청년 시절의 취업도 어렵지만, 취업한 곳에 오래 다니기는 더 어렵다. 창업하려고 보면 거의 모든 업종이 포화상태다.

하지만 구조적으로 세대 간 이해관계는 현재로서는 조정되기 어렵다. 인구구조 변화로 고령자 비중이 높아지면서 이 문제는 더욱 심각해진다. 과거에는 그래도 청년층이 인구 전체에서 차지하는 비중이 높았지만, 이제는 고령화 진전으로 소수파가 되어버렸다.

여기서 민주주의의 문제와 경제의 문제가 겹친다. 문제는 근본적으로는 고령화가 진행된다는 데 있다. 고령자 숫자는 점점 늘어난다. 그런데 세대 사이 이해관계가 상충되는 지점이 생긴다. 연금의 문제, 금리의 문제, 성장모델의 문제가 모두 세대갈등을 내포하고 있다.

형식적 민주주의 원리만 따라도 숫자가 많은 고령자들의 이해관계를 반영하는 방향으로 사회경제시스템이 점점 옮아가게 되어 있다. 또한 세대 특성상 먼 미래보다는 현재나 가까운 미래를 고려한 정책이 호응을 얻는 경향이 생길 가능성이 높다. 한편으로는 아무래도 안정을 중시하는 고령자들의 영향을 받아 사회가 점차 보수적이고 안정지향적 의사결정을 하게 되면서 역동성이 떨어질 염려도 있다.

이런 이유로 정부와 정치인들은 '청년문제 해결'을 중요한 사회의제로 제기하곤 한다. 비영리기관들도 청년들의 창업활동을 지원하는 사업 등에 관심을 보인다. 대학 '반값등록금'이 선거 때마다 여야를 막론하고 공약으로 제시된다. '청년을 위한' 다른 세대의 노력이다.

그러나 정말 중요한 것은 '청년에 의한' 의사결정이 이뤄지도록 세대 협치 모델을 잘 짜는 일이다. 새로운 세대를 수혜자로 만드는 게 아니라 함께 한국사회의 중요한 의사결정을 내리는 동반자로 만드는 것이다.

최소한 우리 사회의 중요한 공적 의사결정을 내리는 회의체에는 반드시 최소한의 세대 대표성을 반영할 필요가 있다. 정당의 대표자, 국회, 국무회의, 주요 비영리기관의 이사회 등의 회의에 20대와 30대가 반드시 일정 비율 이상 참석해 발언하도록 틀을 짜는 것이 필요하다. 실제 의사결정을 하는 지배구조에 세대 협치가 반영되도록 해야 한다는 것이다.

나이가 권위와 서열을 정하는 한국적 특수성 때문에, 그렇지 않아도 한국의 대부분 조직에서 의사결정권을 가진 이들은 50대 이상 장년과 노년층이며, 또 남성이다. 세대와 성별이 골고루 섞인 테이블이라 해도 의사결정의 중심 추는 이들에게로 쏠린다. 행정부와 정당, 심지어 기업에서도 그렇다.

그런데 한국사회, 특히 정치적 의사결정에 참여하는 세대는 그 어느 때보다 더 심한 세대 편중을 보여주는 듯하다. 주요 정당의 대표자회의와 국무회의에 참석하는 장관들의 면면을 보면 그렇다. 주요 정치인들의 연령은 점점 더 높아지고 있다. 김영삼 전 대통령과 김대중 전 대통령은 20대 말, 30대 초에 국회의원에 당선됐다. 그들이 1970년대 제1야당의 당권경쟁을 벌일 때는 40대였다. 요즘은 그렇게 빨리 성장하는 정치인을 찾아보기는 쉽지 않다. 이런 상황이 극복되어야만 세대갈등이 현실정치에 반영되고 조정되면서 건강하게 해소될 수 있을 것이다.

느린 미디어, 느린 콘텐츠

'슬로푸드'라는 말을 아시는가? 패스트푸드에 반발해 나온 말이다. 그럼 '슬로우뉴스'는? 물론 '패스트뉴스'에 반발해 나온 말이다.

"속도가 생명이다. 뒤처지면 죽는다." 한국사회라면 어디서나 먹히는 이야기지만, 가장 잘 들어맞는 분야는 아마도 미디어일 것이다.

연예인이 사망하거나 사고를 당했다는 소식이 인터넷 공간 어디선가 거론되면 바로 주요 언론사에서 '1보'라며 그 제목으로 뉴스를 송고한다. 그 뉴스는 '충격', '알고보니……' 등의 문구가 들어간 제목을 달고 인터넷을 뒤덮으며 우리 눈길을 유혹한다.

검찰의 수사 기사도 마찬가지다. 누군가 혐의를 받고 수사를 받는다는 기사가 특종으로 취급되며 대문짝만 하게 포털 메인에 실린다. 하지만 나중에 알고보면 사실이 아닌 경우가 태반이다. 이미 많은 독자가 그 사람이 사고를 당하고 죄를 지었다고 믿은 다음이다.

뉴스는 언론사만 생산하는 게 아니다. 트위터와 페이스북을 통해서도 패스트뉴스가 유통된다. 누군가가 '그랬다더라'라고 한 말이 엄청나게 리트윗되면서 주요 언론사의 뉴스에도 'XX설' 또는 '트위터 소문' 등으로 채색되어 보도되는 경우가 비일비재하다.

이런 기사들 대부분은 사실 확인이 안 된 것들이다. 언론사들은 속도 경쟁에서 질 수 없기 때문에 확인도 되지 않은 기사들을 쏟아낸다. 트위터리언들은 스스로 뉴스를 생산하는 즐거움을 막 느끼기 시작한 초보 언론인이나 마찬가지다. 하지만 저널리즘 교육은 받지 못했다. 그래서 확인되지 않은 소문을 마구 유통시키곤 한다. 이런 환경에서 새로운 사회에 대한 아이디어를 공론화하기는 매우 어렵다. 노동문제, 복지문제, 남북관계 같은 거대담론에 대해 대중의 진지하면서도 적극적 반응을 이끌어내기가 매우 어렵다.

예전에 사람들은 9시 뉴스에 나온 이야기나 조간신문 기사를 화제로 대화를 나누었다. 요즘은 포털 메인에 걸린 기사를 화제로 대화를 나눈다. 사회문제에 대한 진지한 토론에서는 더욱 멀어졌다. 과거 저널리즘에서는 언론에 대한 권력과 자본의 간섭이 문제였다. 정부나 대기업에 편향적 보도를 하지 않는 언론사를 만드는 게 과제였다. 즉 언론사 인허가권을 가진 정부나 주요 광고주인 대기업의 지배를 받지 않는, 독립적 보도를 하는 언론을 만드는 것이 중요한 문제였다.

그러나 지금은 패스트뉴스를 강요하는 미디어환경으로부터 독립적 보도를 하는 것이 언론의 이슈다. 속도를 향해 경쟁하며 생존해야 하는 새로운 미디어환경에서 진지하고 좋은 콘텐츠를 생산해내는 것이 중요한 과제가 된 것이다.

'슬로우뉴스'란 속도만 추구하는 패스트뉴스 시대를 극복하는 새로운 뉴스를 만들어보자는 미디어운동이다. 한국에서는 〈슬로우뉴스〉라는 같은 이름의 온라인 매체(slownews.kr)를 통해 좀 더 차분하게 분석되고 사실 확인이 이뤄진 뉴스를 보도하는 실험이 진행되고 있다.

이 매체를 공동운영하는 블로거 민노씨(@minoci)는 "슬로우뉴스 창간에 부쳐"라는 글에서 이렇게 썼다.

> 온갖 미디어들은 몸이 무너지고, 근육이 터지도록 뉴스들을 만들어냅니다. 마치 죽음을 예감하는 마지막 몸부림 같습니다. 온갖 현란한 제목으로 미끼질합니다. 쏟아져 나오는 루머와 음모들은 어느새 우리의 사유능력을 무장해제했습니다. 오보라도 상관없습니다. 팔리기만 하면 장땡입니다. 이제 성찰과 사색은 배부른 고민입니다. 우리는 당장 선택을 강요받기에 이르렀습니다. 중간은 없습니다. 내 편 아니면 적일 뿐이니까요.
>
> (……)
>
> 외침은 있지만 공감은 없고, 진영은 있지만 토론과 대화는 이미 사라진 지 오래입니다. 온갖 소문이 진실을 압도하지만, 누구도 그 소문이 불러올 어둠을 근심하지 않습니다. 이 모든 혼돈의 속도에 취해 우린 마치 기계처럼 열심히 '좋아요'를 누르고 있습니다. (……) 이제 우리 스스로를 돌아볼 시간입니다. 우리가 사랑한 테크놀로지와 속도의 유토피아가 어쩌면 디스토피아는 아닌지 고민할 시간입니다.

〈슬로우뉴스〉는 이런 문제의식을 가지고 느리지만 편집진이 함께 성찰하고 합의하며 만드는 기사를 쓰겠다는 것이다.

미디어는 그 어느 것보다 변화가 빠르다. 미디어 수용자의 욕구와 지식전달의 기술이 혁명적으로 변하고 있다. 수용자들은 어제를 이야기하는 저널리즘은 이제 필요 없으니 미래와 그 미래로 가는 방법(how to)을 이야기해달라고 한다. 또한 웹 2.0과 소셜네트워크서비스 등 획기적 지식전달 방법이 나오고 있다.

그런데 이 과정에서 뉴스와 지식의 품질에 문제가 생겨났다. 과거 우리가 지켜온 언론의 자유, 개인정보 보호 등 저널리즘의 전통적 가치가 흔들리고 있다. 결국 우리는 수용자의 요구에 부합하면서도 품질과 효율성을 동시에 갖춘 미래형 미디어가 가능한지 물어야 한다.

전통적으로 현대사회에서 생각은 생산과 유통의 단계를 거쳐 지식소비자에게 전달된다. 생산자는 전문가들이다. 이들은 주관이 개입된 의견성 지식을 상당수 만들어낸다. 유통자는 미디어다. 이들은 다양한 전문가의 지식을 종합해 균형 있게 보도할 책임이 있다. 편향된 지식을 걸러내는 필터링(filtering) 역할도 함께 수행해왔다. 그러나 최근 이런 지식생산 시스템이 완전히 망가졌다. 우선 생산자들의 전문성과 다양성이 현저히 떨어진다.

대중이 원하는 지식은 점점 넓고 깊어지는데, 전문가들은 이들을 모두 충족시킬 역량이 떨어진다. 한국사회에서 미디어가 절대적으로 의존해온 대학교수 집단은 특히나 순수 학문에 필요한 지식만 중시하는 방향으로 가고 있다. 해외 저널에 논문을 싣는 것이 교수 평가의 절대적 잣대가 되고, 사회에 영향을 주는 기고나 발표 활동은 평가에 반영되지 않는 세태가 이를 증명해준다.

주요 언론사의 훈련된 기자들은 여전히 속보경쟁에 동원되고 있다. 주간지나 월간지 같은 심층매체는 그 힘을 점점 잃어가고 있다. 서구처럼 독립 언론인들이 모여 여러 매체에 기사를 제공하는 신디케이트 같은 구조도 한국에는 없다. 독립적 싱크탱크와 같은 지식생산기관이 활성화되어 있다면 이런 문제가 해결될 수 있을 텐, 이런 기반은 조성되어 있지 않다.

게다가 유통자들의 상업성과 편향성은 점점 더 심해지고 있다. 대부분의 언론사는 이제 포털사이트에 종속된 형국이다. 웹사이트로 오는 트래픽 대부분이 포털사이트를 통한 것이기에 그렇다. 그 트래픽의 양에 따라 그 언론사의 광고비가 책정되고 담당자의 성과가 평가된다. 그러니 다들 깊이는 없고 당장의 호기심만 끄는 제목 장사, 즉 '패스트뉴스'에 몰두하게 되는 것이다.

종이신문과 시사주간지 및 월간지의 정기구독자 수는 점점 줄고 있다. 그런데 진지한 언론을 표방하는 종합일간지조차 인터넷 사이트에서는 클릭수를 높이기 위해 선정적 기사를 전면에 배치한다. 생산자와 유통자 모두가 속도와 흥밋거

리에만 집착하면서 전반적으로 독자들이 접하는 뉴스의 질은
점점 떨어지고 있는 셈이다.

〈슬로우뉴스〉는 이런 점에서 정확한 과녁을 겨냥하고 있
다. 지금 필요한 것은 빠른 뉴스가 아니다. 오히려 느린 뉴스,
느린 콘텐츠다. 특히 변화한 미디어환경, 즉 인터넷과 모바일
환경에서 유통되고 소비될 수 있는 형태의 느린 콘텐츠를 만
들어가는 일이 필요하다.

과제는 다양하다. 〈슬로우뉴스〉처럼 느린 뉴스, 진지한 콘
텐츠를 표방하는 언론이 더 늘어나는 것도 필요하다. 그러면
서도 뉴미디어환경에서 효과적으로 유통될 수 있는 포맷을
찾아내야 한다. 또 이런 포맷에 맞게 진지한 글을 쓰고 어려운
정책콘텐츠를 쉽게 전달하는 저널리스트가 더 많이 육성되어
야 한다.

블로그, 페이스북, 트위터 등에서 활동하는 시민저널리즘
도 진화할 필요가 있다. 과거 언론인들만 대상으로 하던 저널
리즘 교육은 이제 시민 모두에게 필요한 것이 되었다. '패스트
뉴스'로 오염된 미디어환경에서 뉴스를 제대로 읽는 방법을
가르치는 '미디어 리터러시' 교육이 절실하다. 또한 누구나 자
유롭게 글을 쓰는 환경이 된 만큼 언론인 윤리 등 저널리즘의
기본에 대한 교육도 모두에게 주어질 필요가 있다.

우리의 미래가 어떤 것이어야 하는지 논의할 수 있는 진지

한 공론의 장을 구축하는 것, 이 역시 지속가능한 사회를 만드는 데 반드시 필요한 사회혁신이다.

이상한 나라의 정치학

ⓒ 이원재 2013

초판 1쇄 인쇄 2013년 4월 12일
초판 1쇄 발행 2013년 4월 18일

지은이 이원재
펴낸이 이기섭
편집인 김수영
책임편집 임윤희
기획편집 김윤정 정회엽 이지은 김준섭
표지디자인 석운디자인
본문디자인 권으뜸
마케팅 조재성 성기준 정윤성 한성진 정영은
관리 김미란 장혜정

펴낸곳 한겨레출판(주) www.hanibook.co.kr
등록 2006년 1월 4일 제313-2006-00003호
주소 121-750 서울시 마포구 공덕동 116-25 한겨레신문 4층
전화 02) 6383-1602~1603 **팩스** 02) 6383-1610
대표메일 book@hanibook.co.kr

ISBN 978-89-8431-692-8　　03300

* 책값은 뒤표지에 있습니다
* 파본은 구입하신 서점에서 바꾸어 드립니다.